꿈꾸는 어린이 교양 01
7가지 환경위기에서 지구를 지키는 방법
지구에게 남은 시간은 얼마 일까?

초판 1쇄 인쇄 2022년 12월 26일
초판 1쇄 발행 2023년 1월 2일

지은이 • 박효연
그린이 • 남동완
펴낸이 • 고대룡
편 집 • 김리라
디자인 • 진선미
펴낸곳 • 꿈꾸는섬

등록번호 • 제 410-2015-000149호
등록일자 • 2015년 07월 19일
전 화 • 031-819-7896 팩스 • 031-624-7896 전자우편 • ggumsum1@naver.com
ISBN • 979-11-92352-05-3 73450

ⓒ 박효연, 남동완 2023

- 저작권법에 따라 보호받는 저작물이므로 무단 전재와 복제를 금합니다.
- 책값은 뒤표지에 있습니다.
- 파본은 구매하신 서점에서 바꾸어 드립니다.

제품명 지구에게 남은 시간은 얼마일까? | 제조자명 꿈꾸는섬 | 제조년월 2022년 12월
사용연령 8세이상 | 제조국명 대한민국 | 전화번호 031-819-7896
주소 (10371) 경기도 고양시 일산서구 대산로 164 (203동 303호)
KC마크는 이 제품이 공통안전기준에 적합하였음을 뜻합니다.

지구에게 남은 시간은 얼마일까?

7가지 환경위기에서 지구를 지키는 방법

박효연 글 • 남동완 그림

🌿 작가의 말

지구와 함께 살아갈 미래를 위해
우리는 무엇을 할 수 있을까요?

 40억 년 전 지구가 생겨났고 이후 아주 오랜 시간 동안 빙하기, 화산 폭발, 대륙 이동과 같은 변화를 맞이했어요. 이렇게 급격한 환경변화에도 지구에는 생명체가 살아남아 오늘날까지 생태계를 이루며 살고 있어요.
 그런데 오늘날 지구는 이전과 다른 현상을 보여요. 지구 자체가 환경 변화를 만들어냈던 예전과 달리 사람들이 만든 현상이지요. 지구에 닥친 문제는 단순히 환경 파괴 하나가 아닙니다. 환경은 우리 주변의 모든 것을 말하는데 지구와 인간의 삶, 나아가 우주를 통틀어 일컬어요. 그러니 환경 파괴는 모든 것에 영향을 미치지요. 지금까지 지구의 일부인 사람은 조금 더 편리하기 위해, 조금 더 안락한 삶을 위해 마구잡이로 지구를 써 왔어요. 그 결과 지구에 사는 다양한 생물들이 빠른 속도로 줄어드는 등 지구에 여러 문제가 생겨났어요.

날이 갈수록 지진, 태풍, 해일 등과 관련된 자연재해 뉴스가 많이 쏟아져요. 비가 오지 않던 곳에서 갑자기 홍수가 나고, 산불이 몇 달째 계속되며, 태풍으로 수많은 사람들이 목숨을 잃기도 해요. 얼마 전에는 세차게 쏟아진 비로 서울 도심이 잠겨 많은 사람들이 집을 잃거나 목숨을 잃었어요. 자연재해는 이제 먼 나라의 일들이 아닌 바로 우리 주변에서 일어나는 일이에요. 누구나 겪을 수 있는 일이죠.

이러한 재난은 자연이 스스로 만든 게 아니라 사람들의 활동으로 나타났다는 걸 알아야 해요. 탄소 배출을 일삼았던 개발의 대가는 자연 파괴라는 결과로 돌아왔어요. 앞서 말한 태풍, 해일, 홍수, 산불 등은 지구 온도가 높아진 결과로 나타난 지구의 이상 현상입니다.

우리가 만든 탄소가 지구의 온도를 높여요. 또 무심코 버린 플라스틱 병이 바다에 모여 거대한 섬을 이루기도 합니다. 내 손을 떠난 플라스틱 쓰레기가 다시 내 밥상 위에 올라온다는 사실은 불편하더라도 알아야 할 진실이에요. 이처럼 아무 생각 없이 한 작은 행동이 훗날 눈덩이처럼 큰 피해를 가져온다는 사실을 꼭 기억하세요.

이 책에서는 지구에 닥친 위기들을 소개했습니다. 지구를 자신의 행성처럼 여긴 외계인 친구 뽕구와 재현이가 함께 지구에서 일어나는 환경 위기를 소개할 것입니다. 지구에 닥친 7가지 위기의 원인이 모두 사람이라는 점에 너무 실망하지 마세요. 지구를 살리고 다시 원래대로 돌려 놓을 수 있는 일도 사람인 우리가 할 수 있습니다.

누구나 환경 문제는 중요하다고 생각해요. 하지만 환경을 지키기 위해 실천하기란 쉽지 않아요. '나 하나쯤이야.', '내가 한다고 뭐가 바뀔까.' 하고 생각할 수도 있습니다. 하지만 지구 환경을 지키는 작은 실천이 모여 우리 가족을 바꾸고, 우리 사회 공동체를 변화시키며 나아가 나라를 바꿀 수도 있어요. 또 나라가 바뀐다면 전 세계가 바뀌겠죠?

지금, 지구의 시간이 얼마 남지 않았습니다. 지구는 오늘날까지 대멸종을 모두 다섯 번 겪었습니다. 과학자들은 대멸종을 겪기 전 일어나는 전조 현상이 오늘날 일어나고 있다고 경고해요. 지구의 마지막 몸부림이라고 할까요? 지구는 온힘을 다해 시간이 얼마 남지 않았다고 외치고 있습니다.

사실 지구에 사는 어른으로서 어린이 여러분에게 미안한 마음이 큽니다. 그동안 편리하게 지구를 펑펑 사용한 어른들이 책임을 지지 않고 후손들에게 떠미는 것 같아 마음이 무겁습니다. 하지만 이제라도 지구의 경고에 귀 기울이고 모두가 작은 실천을 하길 기대합니다. 나부터 시작하는 작은 변화가 세상을 바꿀 수 있다는 믿음으로 이 책을 썼습니다.
　이 책을 읽는 어린이 여러분도 현재 우리 지구의 모습이 어떤지, 왜 이렇게 위기를 맞이했는지 알길 바랍니다. 그리하여 지속가능한 미래를 여는 지구인, 지구를 위한 작은 실천을 하는 어린이가 되었으면 합니다.

지구인 작가 박효연

 차례

작가의 말 ··· 4

1장 지구에 추락한 외계인 뽕구 ··· 12
언제 떨어질지 모르는 우주 쓰레기 ··· 30

- 인공위성은 어디에 쓰여요?
- 우주 쓰레기는 어떻게 생겨날까요?
- 우주 쓰레기는 손톱만큼 작아도 위험해요!
- 사람은 물론 지구까지 위협하는 우주 쓰레기
- 우주 쓰레기를 없앨 수 있을까요?

2장 땅이 갑자기 왜 꺼지는 거야? ··· 34
무엇이든 집어 삼키는 싱크홀 ··· 50

- 싱크홀이 뭐예요?
- 사람이 만드는 재해, 싱크홀
- 우리나라 곳곳에 싱크홀이 있다고요?
- 구멍 숭숭, 세계가 위험해요!
- 지하공간 통합지도로 싱크홀을 예방해요
- 싱크홀, 미리 알 수 있을까요?
- 싱크홀이 생기면 어떻게 할까요?

3장 진짜 위험은 눈에 보이지 않아! … 54

핵에너지는 왜 위험할까요? … 72

- 방사선과 방사성 물질은 어떻게 다를까요?
- 핵 발전이 뭔가요?
- 인류의 재앙, 핵 발전 사고
- 탈핵에 나선 나라들
- 지속가능한 재생 에너지에는 무엇이 있나요?

 4장 옥수수를 지켜라! 온 마을 협동 대작전 … 76

무시무시한 사막 메뚜기는 어디에서 생겨요? … 94

- 사막 메뚜기는 일반 메뚜기와 어떻게 다른가요?
- 사막 메뚜기 떼는 어마어마한 피해를 입혀요
- 사막 메뚜기가 지구 온난화와 관련 있다고요?
- 추운 러시아를 습격한 사막 메뚜기 떼
- 살충제로 사막 메뚜기를 없앤다고요?

한 걸음 더! 기후 변화와 지구 온난화가 뭐예요?
실천! 지구 온난화를 막는 에너지 절약 방법은?

5장 내가 구해 줄게! 지구를 덮친 해일과 산불 ···98

지구에 닥친 기후 변화를 멈추려면? ···116

- 지구 온난화로 해수면이 높아져요
- 투발루를 비롯해 물에 잠기는 나라들
- 세계에 일어나는 기상 이변 현상
- 기후에도 정의가 필요하다고요?

한 걸음 더! 지구 온난화가 바이러스를 깨운다고요?

 ### 6장 햄버거를 먹으면 아마존 숲이 사라져! ···120

숲과 함께 사라져 가는 생물 다양성 ···138

- 생물 다양성이란 무엇일까요?
- 다양한 생물이 사는 열대우림이 줄어들어요
- 휴대폰을 바꾸면 고릴라가 사라진다고요?
- 동물들이 멸종하는 또 다른 이유는?
- 다양한 생물을 지키려는 노력

실천! 생물 다양성을 지킬 수 있는 방법은?

7장 지도에 없는 산과 섬의 정체는? …142

사라지지 않고 되돌아오는 플라스틱 쓰레기 …160

- 변신의 왕! 플라스틱은 어떻게 생겨났을까요?
- 플라스틱은 분해되는 데 얼마나 걸릴까요?
- 플라스틱 쓰레기는 어디로 갈까요?
- 플라스틱 섬이 한반도의 7배 크기라고요?
- 플라스틱 쓰레기 문제를 해결하려면?

실천! 일상에서 플라스틱 사용을 줄이는 방법은?

8장 뽕구가 남기고 간 시계 …164

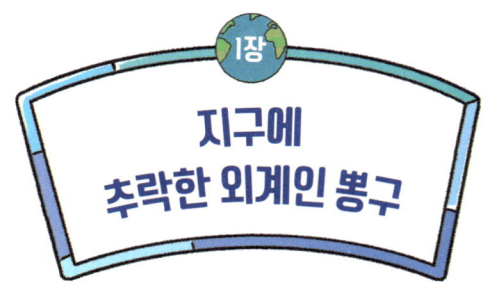

1장 지구에 추락한 외계인 뽕구

"지난 2011년에 발사된 중국의 첫 번째 우주 정거장이 벌써 2년째 길을 잃고 우주를 헤매고 있습니다. 통제 불능이 되어 언제 어디로 떨어질지 모르는 상황입니다. 우리나라에도 추락할 가능성이 있다고 하는데요. 전문가를 모시고 이야기 나누어 보겠습니다. 한국천문연구원……."

'뭐야? 우주 정거장이 추락한다고?'

휴대폰 게임을 하던 재현이는 뉴스 소리에 귀가 번쩍 뜨였다. 엄마가 틀어 놓고 나간 텔레비전에서는 어느새 뉴스가 흘러나왔다.

'우리나라에 떨어지면 어떻게 하지?'

재현이 머릿속에 잠시 걱정이 떠올랐다. 하지만 그것도 잠시, 재현이는 다시 게임에 집중했다.

삑, 삑, 삑, 삑, 삑.

한참 게임에 빠져 있는데 현관 비밀번호를 누르는 소리가 들렸다. 재현이는 자기도 모르게 재빨리 텔레비전 리모컨을 집어 화면을 꺼 버렸다. 그러고는 옆에 있던 책을 집어 들었다.

"너, 지금 또 텔레비전 봤지? 가만, 게임까지 한 거야?"

미처 휴대폰 게임 화면까지 끄지 못해 걸려 버렸다. 그래도 텔레비전을 켜 놓고 나간 건 엄마인데, 좀 억울했다.

"엄마, 너무해요. 텔레비전은 보지도 않았어요. 게다가 뉴스가 나왔다고요. 텔레비전도 아까 엄마가 켜 놓고……."

"얘가, 또 말대답이네. 운동도 하고 책도 좀 읽으라니까. 오늘 줄넘기 50번 하는 거 잊지 않았지?"

"네……. 참 그런데 엄마. 우주 정거장이 곧 지구에 떨어질 거래요. 우리나라에 떨어질 수도 있대요."

재현이는 아까 들었던 뉴스를 엄마에게 이야기했다. 우주 정거장이 떨어지면 얼마나 위험할까 싶었다. 하지만 엄마는 재현이 말을 대수롭지 않게 여겼다.

"우리 집에는 절대 안 떨어지니 오늘 할 거 해야 한다. 알았지?"

"네."

재현이는 시무룩하게 대답하고선 밖으로 나왔다. 매일 저녁을 먹고 나면 줄넘기를 해야 한다. 엄마는 요즘 재현이가 살이 부쩍 올랐다며 종종 줄넘기를 시키곤 했다.

'쳇, 우리 선생님은 건강해 보인다고 좋다고 하셨는데."

툴툴거리며 아파트 뒷산에 있는 공원에 올랐다. 지난번 아빠에게 받은 용돈도 챙겼다. 운동을 마치면 햄버거 하나를 사서 먹을 생각이었다. 물론 엄마에게는 비밀이었다.

저녁 7시, 해가 지자 운동하는 사람들이 하나둘 지나다녔다.

"스물둘, 스물셋, 스물넷…."

재현이는 줄넘기를 할수록 몸이 더 무거워지는 것 같았다. 숨도 차올랐다.

그때 약간 어둑해진 하늘에서 무언가 반짝였다.

"우와. 별똥별이구나! 우리 동네에서 별똥별이 보이다니!"

재현이는 긴 꼬리를 남긴 채 떨어지는 별에서 눈을 떼지 못했다. 자기도 모르게 줄넘기를 하다 말고 한참을 바라보았다.

"어? 어!"

이상했다. 별똥별이라면 소원을 생각할 겨를도 없이 바로 사라져야 할 텐데. 그건 오히려 재현이 쪽으로 천천히 날아왔다.

"으악. 뭐지? 사, 살려 주세요!"

재현이는 그만 다리가 풀려 제자리에 주저앉고 말았다. 얼마가 지났을까. 근처 풀숲에서 무언가 움직였다. 꼭 흐물흐물거리는 액체 괴물처럼 그림자가 움직이는 것 같았다.

"내가 잘못 봤나? 배고파서 그런가?"

재현이가 눈을 비비며 다시 풀숲을 바라보자, 뜻밖에 사람이 나타났다. 그것도 재현이 또래로 보이는 아이였다.

"와, 정말. 내가 여기를 다시 올 줄이야!"

아이는 자기 옷에 묻은 것들을 털어 내기 바빴다. 무척 예민해 보여서 자칫 말을 잘못 걸면 호를 낼 것 같았다. 재현이는 아이와 엮이면 왠지 피곤한 일이 생길 것 같아 슬며시 뒤로 돌아섰다.

"야, 거기! 이리 좀 와 봐."

아이가 부르는 소리에 재현이가 움찔했다.

'설마 날 부르는 걸까?'

우물쭈물하는 사이 아이가 다시 재촉했다.

"너 말이야, 너. 잠깐 이리 좀 와 봐."

기분이 상한 재현이가 용기를 내어 아이 앞으로 다가갔다.

"그런데 왜 아까부터 반말이야. 너 어느 학교 몇 학년……."

가까이에서 보니 아이는 재현이보다 키도 몸집도 더 컸다. 피부가 무척 하얘서 머리카락이 유난히 더 검게 보였다. 한쪽 앞머리는 염색을 했는지 몇 가닥만 흰색 머리카락이 보였다.

"여기, 내 등에 있는 것 좀 빼 줄래?"

아이의 등 뒤에는 밤송이가 박혀 있었다. 재현이는 주변에서 주운 나뭇가지로 조심스레 밤송이를 빼냈다. 그제야 아이는 여유가 생겼는지 주변을 둘러보았다.

"와, 이 식물들 정말 오랜만이긴 하네. 그나저나 정말 지구엔 다시 안 오려고 했는데."

"내 등에 있는 것 좀 빼줄래?"

"무슨 소리야? 네가 무슨 외계인이라도 돼?"
"내가 인간들 때문에 또 다시 지구를 오게 되다니."
아이는 재현이의 말을 들은 척도 하지 않고 혼잣말을 이어 갔다.
"쓰레기를 버릴 데가 모자라서 지구 밖에까지 버리다니. 지구인들은 정말 변하지 않았어."
급기야 고개를 절레절레 흔들었다.
"밤송이 빼 달랄 때는 언제고 이제는 내 말을 듣지도 않는 거야?"
재현이는 좀 이상한 아이를 만난 듯싶었다. 이렇게 자기 말만 하는 애들은 여러 번 봤다. 그런데 이 아이는 훨씬 더 특이해 보였다.

"어, 그래. 반가워. 나는 트라피스트-1d에서 왔어. 다른 별을 찾다가…… 아니, 우주여행 중에 지구를 지나던 길이었어. 내 이름은 뽕구바오갈락시아스야."

도대체 뭐라는 걸까. 재현이는 아이의 말이 도통 이해가 되지 않았다. 트라피스트는 뭐고 지구를 지나간다는 건 무슨 이야기인지. 게다가 이름이 뭐 저럴까.

"뽕구? 뽕구갈릭? 뭐라고?"

"뽕.구.바.오.갈.락.시.아.스!"

"뽕구바무리가으라?"

도저히 아이 이름을 따라 하기 힘들었다. 발음도 발음이지만 억양이 중국 말 같기도 하고 프랑스 말 같기도 하고 너무 어려웠다. 아이는 재현이 마음을 알아챘는지 알아서 자기 이름을 정리해 주며 묻지도 않은 말을 늘어놓았다.

"하아. 그냥 뽕구라고 불러. 그래그래, 네 마음 알아. 황당하겠지. 그리고 이렇게 잘생긴 외계인도 처음 봤을 거야. 응, 맞아. 난 외계에서 왔어."

'외…계인? 진짜 외계인이라고?'

당황한 재현이는 말을 잇지 못하고 쳐다보기만 했다. 그러자 뽕구가 먼저 손을 내밀었다. 재현이는 얼떨결에 뽕구가 내민 손을 맞잡았다.

"응. 반가워. 나는 빛나초등학교에 다니는 박재현이라고 해."

"아, 정말 내 얼굴 닮겠다. 지구에서 이런 얼굴이 없는 건 잘 알겠는데. 나 좀 그만 보고. 일단 네 주머니에 있는 그 고물같이 생긴 걸로 한 번 찾아봐. 트라피스트-1d가 뭔지 말이야."

재현이는 그제야 정신을 차리고 휴대폰을 꺼내 트라피스트-1d를 검색했다. 그러자 관련 정보가 수십 개 넘게 떴다.

"트라피스트. 지구에서 약 40광년 떨어진 항성계. 이 중 네 번째 행성 트라피스트-1d는 지구와 비슷한 외계 행성 중 하나로……."

재현이의 말을 들으며 뽕구는 팔짱을 낀 채 흐뭇한 얼굴로 고개를 끄덕였다.

"음. 그나저나 지구도 많이 발전했군. 우리 행성에 대한 정보도 꽤나 정확하게 다루고 말이야. 너희 아직 5G 써? 5G는 100년 전에 쓰던 기술인데."

재현이는 뽕구가 하는 말이 도대체 무슨 소리인가 싶었다.

"네가 정말 외계에서 왔다고? 지구에서 40광년이 걸린다는데 대체 어떻게 온 거야?"

"빛으로 40광년을 오는 건데. 우리는 인간들의 기술보다 훨씬 앞서 있어. 빛보다 빠른 방법이 있지. 말해 줘도 잘 모르겠지만."

재현이는 뽕구가 하는 말에 점점 빠져들었다. 어쩌면 진짜인지도 몰랐다. 그러면서도 자꾸 의심이 들었다. 동네에서 외계인을 만나다니 믿기지가 않았다.

"그런데 지구에는 왜 온 거야?"

"내가 하고 싶은 말이야, 정말. 내가 어떻게 또 지구에 오게 됐을까? 난 우주여행을 하던 중이었어. 그런데 내가 지구를 지날 때 우주선이 부서진 거야. 너희들이 버린 우주 쓰레기 때문이었지. 그 덕분에 생각지도 못하게 지구에 추락했고."

'우주에 쓰레기가 있다고?'

재현이는 우주 쓰레기라는 말을 처음 들어보았다. 지구에 쓰레기가 많다는 얘기는 자주 들어 알았지만 우주 쓰레기는 몰랐다.

"사람들이 우주에 쓰레기를 버리다니, 무슨 말이야. 게다가 나는 우리 집 분리배출 담당이라고."

재현이 말을 귀담아 듣는 것 같지 않더니 뽕구는 주머니에서 뭔가 주섬주섬 꺼냈다. 주먹만 한 정육면체 같은 물건이었다. 뽕구가 그 물건을 허공에 놓고 손바닥을 펼치자 그 물건에서 번쩍 하고 반투명한 영상이 떠올라 나타났다. 마치 아주 작은 빔 프로젝터 같기도 했다. 그 영상에 손을 갖다 대 보았지만 아무것도 만져지지 않았다.

"음. 곧 우주 정거장 잔해가 떨어지겠군. 우주 쓰레기 말이야."

"우주 정거장? 우주 쓰레기?"

재현이가 아까 본 뉴스 얘기인 것 같았다.

뽕구는 허공에 뜬 영상을 손가락으로 요리조리 움직였다. 그러자 화면이 바뀌기도 했고 알 수 없는 글자들이 나오기도 했다.
 "그래, 신기한 거 알아. 처음 보겠지. 우리도 아주 오래전에는 너희 휴대폰 같은 기계를 손에 들고 다녔어. 어찌나 불편하던지. 방금 본 건 큐브야. 홀로그램으로 된 화면을 띄워서 손으로 조작할 수 있지. 휴대폰보다 훨씬 앞선 기능이 있어. 필요할 때는 박스 형태로 변신해서 타고 다닐 수도 있고. 변신하면 투명한 엘리베이터에 탄 느낌이랄까? 뭐, 아직 잘 모르겠지만."
 지구를 무시하는 것 같아서 어쩐지 기분 나빴지만 재현이는 그

영상이 신기해서 눈을 떼기 힘들었다.

"그나저나 우주 정거장이 쓰레기가 돼서 떨어지는 게 나랑 무슨 상관이야? 이 넓은 지구 어딘가에 떨어질 텐데 뭐."

재현이는 심드렁하게 이야기했다. 아까부터 뽕구가 말하는 태도가 썩 마음에 들지 않았다.

본인 입으로 자기가 잘생겼다고 하질 않나, 자기네 기술이 지구보다 앞섰다고 하지를 않나. 다른 건 몰라도 잘난 체로는 자기네 행성에서 1등일 것 같았다.

"네가 하루에도 몇 번씩 사용하는 휴대폰 말이야. 휴대폰으로 쓰는 인터넷, 메신저, 게임 같은 거. 그게 위성 없이 쓸 수 있다고 생각해? 그런데 위성도 지금 우주 쓰레기가 돼서 문제야. 우주 정거장처럼."

"위성? 인공위성 말이야?"

"그래. 인공위성. 지구인이 수없이 쏘아올린 인공위성 말이야. 길도 찾아 주고 날씨도 알려 주고 인터넷, 통신 같은 곳에 쓰는 거."

재현이는 뽕구 설명을 듣고 나서야 고개를 끄덕였다. 그게 인공위성이 하는 일이라면 얼마나 고마운 존재인가 싶었다. 게다가 우리 삶과 아주 깊게 연결되어 있으니, 가까이서 볼 수는 없지만 인공위성은 꼭 필요한 게 분명했다.

"그런데 인공위성이 쓰레기가 된다니 무슨 말이야?"

"지구인들이 쏘아올린 인공위성이 몇 개나 된다고 생각해?"

갑작스러운 질문에 재현이는 대답하지 못했다. 가끔 인공위성을 쏘아 올렸다는 뉴스를 본 적 있는 것 같았다.

"지난 60년 동안 전 세계가 발사한 위성 수는 1만 대가 넘어. 1년에 100개 정도 위성이 올라가고 있지. 앞으로 10년 후면 전체 인공위성이 약 5만 5천개 올라갈 거야."

"많은 건가?"

재현이가 중얼거리듯 말하는 걸 듣고 뽕구는 한숨을 푹 쉬었다.

"아주 많지. 너무 많아서 인공위성끼리 부딪히기도 해."

"부딪히면 어떻게 되는데?"

"어떻게 되긴. 지구인들이 사용하는 통신에 문제가 생기겠지."

"그럼 게임을 못하는 거야?"

"어휴. 지구인들은 여전히 게임을 좋아하네. 게임만 문제겠어? 인터넷도 안 되고 내비게이션이 안 되니 비행기, 배도 길을 잃고 각종 통신에 영향을 주겠지. 군사 시설에도 문제가 생기겠고 말이야. 그뿐만이 아니라……."

뽕구는 쉼 없이 이야기했다. 저런 것들이 하늘에서 수 없이 떨어진다면 어떻게 될까. 생각만 해도 아찔했다.

"진짜 위험한 게 뭔지 알아?"

"그게 뭔데?"

"우주 쓰레기는 엄청 큰 것부터 아주 작은 것까지 다양해. 이런 것들이 정말 무서운 속도로 날아가."

"날아간다고? 속도가 빠르다는 얘기지?"

"그렇지. 총알보다 수십 배나 빨리 날아가. 자, 이걸 봐."

뿡구는 또 다시 큐브를 꺼내더니 아까처럼 투명한 영상을 띄워 손으로 여기저기를 밀거나 만졌다. 허공에 보이는 화면에는 지구가 나왔다. 이어서 지구를 둘러싼 것들이 보였다. 지구 주변에 마치 토성을 둘러싼 고리 같은 게 있었다.

'지구에도 저런 고리가 있었나?'

이게 다 우주 쓰레기야!

인공 위성끼리 충돌한다고?

재현이 생각을 눈치 챈 듯 뽕구가 설명했다.

"여기 보이는 게 다 쓰레기야."

"뭐? 아니, 지구 밖에 누가 대체 쓰레기를 갖다 버린 거야? 이것들이 설마 인공위성인 거야?"

"이제야 제대로 보네. 그래, 맞아. 바로 인공위성에서 나온 쓰레기들이지. 사용하다가 폐기된 인공위성도 있고, 위성끼리 충돌해서 생긴 파편 같은 것들도 있어."

안 좋은 기억을 떠올리는 듯 뽕구가 얼굴을 찌푸리더니 말을 이었다.

"그런 작은 파편들이 인공위성에 살짝 스치기만 해도, 인공위성은 고장이 나거나 엄청난 피해를 입어. 큰 파편끼리 부딪히는 건 당연하고."

"그러니까 네가 지구에 온 게 그 우주 쓰레기 때문이라는 거야?"

"오, 제법인데? 맞아. 너희 지구인들이 버린 쓰레기 때문에 우주선이 망가졌어. 그래서 지구에 떨어져 널 만나게 된 거야."

재현이는 뭐든지 술술 대답하는 뽕구라면 이것도 알까 궁금했다.

"그럼 혹시 오늘 지구에 떨어진다던 우주 정거장이 정확히 어디에 떨어지는지도 미리 알 수 있어?"

"가만, 어디 보자."

뽕구는 허공에 홀로그램 화면을 띄웠다. 손을 몇 번 움직이자 화면이 순식간에 바뀌었다. 화면에 우주 정거장 같은 영상이 보이기도 했고 깜빡깜빡거리는 신호가 생겼다가 사라지기도 했다.

"음. 이제 곧 떨어지겠군. 남태평양 남위 13.6도, 동경 195.7도에 떨어질 것 같아. 걱정하지 마. 너희 집에는 안 떨어질 테니까. 다행히 바다로 떨어질 거야."

뽕구가 자세히 얘기하는 걸 보니 꾸며 대는 것 같지는 않았다. 하지만 어쩌면 뉴스를 보고 말하는 것일 수도 있었다. 재현이는 주머니에서 휴대폰을 꺼내 검색했다. 하지만 아직 떨어지기 전이라는 기사만 나와 있었다.

"그런데 너는 그냥 지나가지 지구 가까이에는 왜 와서 우주 쓰레기에 부딪힌 거야?"

뽕구는 흠칫 놀라는 표정을 지었다.

"음. 그건 말이야. 내가 아주 오래전 지구에 온 적이 있어. 우리 행성 사람들은 가끔 다른 행성으로 여행가곤 하니까. 그때 지구는 아주 아름다웠어. 계절이 다양하고 사람 사는 모습도 제각각이었지. 자연환경은 어찌나 아름다운지. 나는 특히 높은 산에서 눈 덮인 풍경을 보는 걸 좋아했어. 우리 행성처럼 아름다우면서도 자연환경이나 계절이 다양해서 또 다른 매력이 있었지."

예전에 본 모습을 상상하는지 지구를 떠올리는 뽕구의 표정은 밝았다.

"지금도 충분히 아름답지 않아? 산도 바다도."

"아니. 그렇지 않아. 어느 순간부터 지구는 그런 모습을 잃어 가고 있어. 자연 생태계는 아주 미묘해서 어느 하나라도 어긋나면 전체가 연결되어 모두 망가지기 십상이야. 그런데 지구인들이 마구잡이로 환경을 더럽히는 바람에 지구가 점점 오염되고 있지."

큐브에서 나오는 홀로그램 영상을 끄고 하늘을 올려다보는 뿡구의 표정은 어두웠다.

"난 단지 지구를 둘러보고 싶었어. 아름다운 지구 모습이 여전할지 궁금했지. 그런데 역시나 내 예상이 틀리지 않았어. 지구의 기온은 너무나 빨리 올라가고 있고, 그 바람에 여러 문제들이 생겨나고 있어."

재현이는 뿡구를 따라 하늘을 올려다보았다. 어느덧 해가 지고 밤하늘에 별이 떠올랐다. 꽤 늦은 시간이었다. 공원에 있는 나무의 잎들이 달빛을 받아 알록달록 다양한 색을 뽐내고 있었다.

"뿡구, 그래도 아직까지 지구는 꽤 아름다운 곳이야. 자, 봐. 하늘에 별도 잘 보이잖아. 우리 선생님이 그랬는데 우주에 지구만큼 아름다운 별은 없다고 했어."

"그랬지. 하지만 이제는 아니야. 지구는 점점 변하고 있다고. 아직도 모르겠어? 지구는 지금 무척 위험해!"

뿡구의 목소리는 무척 떨렸다. 왜 저토록 화를 내는 건지, 재현이는 뽕구의 이야기를 듣는 내내 혼이 나는 기분이었다.

"내가 우주에다 쓰레기를 버린 것도 아니고. 넌 대체 왜 그렇게 화를 내는 거야?"

재현이도 지지 않았다. 우주 쓰레기를 대체 어쩌라는 건가 싶었다. 심지어 재현이가 물건을 막 써서 생긴 문제도 아니라고 생각하니 억울했다.

"그렇지. 네가 직접 버린 건 아니야. 하지만 명심해 둬. 우주 쓰레기는 훗날 엄청난 재앙으로 지구인에게 무척 큰 영향을 미칠 거야. 지금 아무 상관없다고 무시할 일이 아니라고. 사람들이 무신경하게 이것저것 마구 사고 써 대는 결과가 어떤지 점점 알게 될 거야. 눈앞에 편리함을 쫓다 보면 대가를 치른다는 걸 말야."

어쩐지 무서운 말이었다. 경고하는 것 같기도 했다. 그런데 뽕구가 왜 이토록 화가 난 건지는 아직 이해되지 않았다. 걸핏하면 재현이를 무시하는 것도 같았다.

"잘난 척만 심한 줄 알았더니. 정말 남을 무시하는 데 선수구나. 그래, 알았어. 지구는 우리가 알아서 할 테니까 너는 얼른 너희 별로 돌아가."

재현이는 뒤도 돌아보지 않고 집으로 향했다. 뽕구인지 외계인인지 정말 특이한 아이인 건 확실해 보였다.

언제 떨어질지 모르는 우주 쓰레기

인공위성은 어디에 쓰여요?

인공위성은 로켓과 같은 발사체를 이용해 지구와 같은 행성의 둘레를 돌도록 쏘아올린 위성을 말해요. 인공위성은 여러 분야에서 다양한 목적으로 사용돼요. 우주의 변화나 지구의 여러 현상을 관측하는 과학 위성, 다른 나라의 기밀이나 정보를 알아내는 군사 위성, 태풍의 이동 경로나 강수량을 예측하는 기상 위성 등이 있지요. 이 밖에도 위성은 인터넷을 연결하거나 위치를 알려주는 역할을 하며 여러 곳에 활용돼요.

지구 주위를 도는 인공위성

우주 쓰레기는 어떻게 생겨날까요?

 1975년 10월 인류는 최초로 인공위성 스푸트니크 1호를 우주로 쏘아 올렸어요. 이후 여러 나라에서 인공위성을 쏘아 올리고 있지요. 2021년 3월까지 올라간 인공위성의 총 개수는 약 1만 개에 이른답니다. 하지만 인공위성을 우주로 옮기는 데 사용한 발사체 일부에서 각종 부품이 떨어져 나왔어요. 그뿐만 아니라 우주 탐사를 마치거나 고장 난 위성, 수명을 다하고 버려진 위성도 우주에 그대로 남았어요. 사용 중인 위성 약 2,000개를 제외하면 약 8,000개 위성이 쓰레기가 된 거예요. 이런 인공 물체들은 스스로 타 버리거나 사라져야 하지만 통제가 되지 않아요. 이것을 '우주 쓰레기'라고 하는데 그 양이 약 1억 3천만 개가 넘을 정도로 어마어마해요. 그중 지름이 1센티미터 이상인 우주 쓰레기도 90만 개가 넘어요.

우주 쓰레기는 손톱만큼 작아도 위험해요!

 우주 쓰레기의 양은 갈수록 늘어나고 있어요. 이대로 가면 우주 발사체가 우주 쓰레기들 때문에 낮은 고도도 뚫지 못할 수 있죠. 그러면 인터넷 통신은 물론 기상 예보 등 일상에 지장을 줄 수도 있어요.

 우주로 가야 하는 우주선은 어떻게 될까요? 지구 궤도를 도는 쓰레기 더미들을 요리조리 피해 조종을 해야 해요. 하지만 조종을 잘한다고 괜찮은 건 아니에요. 언제 어디서

우주 쓰레기 가상도 ⓒ유럽우주항공국

든 쓰레기가 빠른 속도로 날아올 수 있기 때문이에요.

예를 들어 지름이 1cm인 파편에 부딪히면 시속 70km로 달리는 트럭에 부딪힌 것과 비슷한 충격을 받아요. 총알보다 자그마치 10배 정도 빠른 속도라, 아주 작은 쓰레기여도 이 속도로 날아온다면 우주선에 구멍을 낼 수 있어요.

실제로 1996년 프랑스가 쏘아 올린 위성의 안테나가 다른 위성의 잔해와 충돌해 손상을 입었어요. 2013년 러시아에서 쏘아 올린 위성은 중국의 기상관측 위성 잔해와 충돌하며 궤도를 벗어났고요. 우리 눈에 보이지 않는 우주 쓰레기가 얼마나 큰 위험을 끼칠 수 있는지 알 수 있지요.

사람은 물론 지구까지 위협하는 우주 쓰레기

지구 궤도에 있는 우주 쓰레기는 중력에 의해 지구에 떨어지기도 해요. 대부분 대기권에서 불타 없어지는데, 일부 지상에 떨어지는 사고도 종종 일어나요. 우주 쓰레기가 지붕이나 지나가는 사람에게 떨어진 적도 있어요.

지구에 떨어진 우주 쓰레기는 해마다 100여 톤에 달해요. 우주 쓰레기는 더 심각한 사고로 이어지기도 하는데, 실제로 1978년 러시아 위성인 코스모스 954호의 일부가 캐나다에 떨어졌어요. 핵 연료를 사용한 위성이라 추락하면서 그 일대가 방사능으로 오염되었어요.

최근에는 중국에서 썼던 우주 쓰레기가 추락하는 사고가 늘었어요. 2018년에는 우주 정거장 톈궁 1호의 잔해가 남태평양에 추락한 적이 있고, 2022년에는 발사체 '창정 5B호'가 서태평양에 추락했어요.

우주 쓰레기를 없앨 수 있을까요?

만약 인공위성을 더 발사하지 않는다고 해도 우주에 남은 위성들로 우주 쓰레기 양은 갈수록 늘어날 거예요. 위성의 잔해가 서로 부딪혀 잘게 쪼개지고 지구 궤도를 한없이 돌고 있을 테니 말이죠. 이런 우주 쓰레기를 없애기 위해 과학자들은 여러 방법을 연구하고 있어요.

한 가지 방법은 발사체를 줄이는 거예요. 발사체를 이용해 새로운 위성을 쏘아 올리면 위성은 언젠가 수명을 다하거나 고장 나서 쓰레기가 돼요. 그러니 새로운 위성을 쏘아 올리지 않고, 고쳐서 쓰는 거죠. 또 연료가 떨어진 위성에 연료를 채워 사용함으로써 발사체 자체를 줄여 우주 쓰레기를 줄이는 거예요.

또 다른 방법은 쓰레기를 직접 없애는 거예요. 바다에서 물고기를 잡듯 그물을 펼쳐 쓰레기를 수거하는 방법과 작살을 이용해 쓰레기를 사냥하거나 자석을 이용해 쓰레기를 끌어모으는 방법 등이 있어요. 한 예로, 2021년 일본의 한 벤처회사가 발사한 청소 위성은 자석을 이용해 쓰레기를 붙잡아 마찰열로 태워 없앴어요.

유럽우주국은 2025년에 그물과 작살이 설치된 우주 쓰레기 청소 위성 팩맨을 발사해 쓰레기를 없앨 계획이에요. 우주선에 원뿔 모양 그물을 달아서 소형 위성을 잡아 가두는 거지요.

그물망을 장착한 청소 위성 팩맨
ⓒ 위키미디어 커먼즈

저 부분을 좁혀서 우주 쓰레기를 모으는 거야!

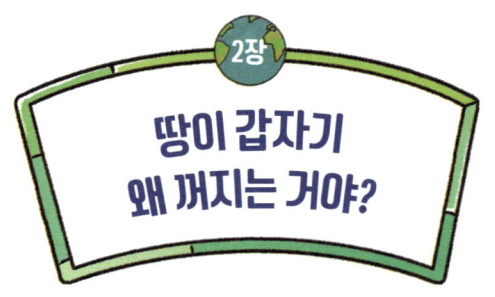

2장 땅이 갑자기 왜 꺼지는 거야?

"으아악!"

뽕구에게서 돌아서 바삐 걷던 재현이는 구덩이에 발이 빠져 넘어지고 말았다. 평소 공원에서 집으로 가는 길은 잘 닦여서 걷기 편했는데, 웬일인지 길에 한 걸음 정도 폭으로 땅이 꺼진 곳이 있었다.

"여기 왜 이러지? 대체 누가 땅을 파 놓은 거야?"

재현이는 한쪽 발이 빠진 채로 씩씩거렸다. 하필 저 외계인이 보는데 넘어져서, 아픈 건 둘째 치고 창피함이 밀려왔다. 이게 다 땅바닥 때문이었다.

"땅이 꺼졌구나."

언제 왔는지 뽕구가 재현이 옆에 서서 혼잣말을 했다.

"꼭 싱크홀처럼 생겼네."

"싱크홀? 그게 뭐야?"

"지금 네가 빠진 곳처럼 땅이 꺼진 구덩이는 포트홀이야. 아스팔트로 된 도로가 꺼지면서 생기는 구멍이지. 싱크홀은 포트홀과 달리 다른 원인 때문에 생기고, 훨씬 깊고 커서 사고가 나."

뽕구의 표정은 진지했다. 그러는 사이 재현이는 자리에서 일어나려고 했지만 생각처럼 되지 않았다.

"저기, 말하는 중에 미안한데 나 좀 꺼내 줄래?"

"내가 왜? 아까는 나보고 우리 별로 잘 돌아가라며."

평소에 운동 좀 잘해 놓을걸. 그리 깊지도 않은 구덩이였지만 발을 빼기가 쉽지 않았다. 빠져나오려고 힘을 주느라 금세 얼굴에 열이 올랐다.

"그래, 알았어. 아까 내가 너희 별로 돌아가라고 한 거 사과할게. 나 좀 꺼내 줘."

하지만 뽕구는 팔짱을 낀 채 재현이를 멀뚱히 바라보기만 했다. 한적한 공원이라 근처에 도와줄 다른 사람도 없었다.

"어, 그래. 너희 별로 돌아가려면 네가 타고 온 우주선도 고쳐야 될 거 아니야? 내가 우리 학교 방과후 수업으로 과학실험반이랑 로봇제작반도 다녔거든? 대회도 나가고. 내가 도와주면…….”

그때였다. 뽕구가 두 팔로 구덩이에 빠진 재현이를 한 번에 쑥 들어 올렸다.

"날 도와준다니, 고맙지만 내 일은 내가 알아서 할게."

그러면서 뽕구는 다시 돌아섰다. 재현이가 고맙다는 말을 하기도 전이었다. 재현이는 몇 번 입술을 달싹거렸지만 뽕구는 이미 저만치 걸어가고 있었다. 이대로 가다간 뽕구가 정말 사라져 버릴 것 같았다. 잘난 체한다고 싫어했는데, 이렇게 쉽게 도와주니 재현이는 뭔가 미안하기도 하고 고맙기도 했다.

"잠깐만. 내가 아무리 너보다 능력이 없다고 해도 뭔가 도움이 될 수도 있잖아."

뽕구는 말을 듣는 둥 마는 둥 하며 앞만 보고 걸어갔다.

"너 지금 우주여행 중이라고 했지? 이왕 지구까지 온 김에 지구 곳곳을 둘러보는 거 어때? 지구도 꽤 아름다운 곳이 많거든. 내가 안내할게. 네가 생각하는 것처럼 지구가 그렇게 오염되진 않았어. 작년에 가족 여행으로 바다에 갔는데 정말 아름다웠어."

재현이는 자신감 넘치는 목소리로 말했다.

"그래, 네 말이 맞아. 지구는 아름다운 별이야. 하지만 지금은 그 아름다움을 점점 잃어가고 있어. 싱크홀도 많이 생기고."

뽕구는 여전히 투덜거리는 말투로 얘기했지만 그래도 처음보다는 덜 까칠해진 듯했다.

"싱크홀이 뭔데 그렇게까지 얘기해?"

"지구인들은 이래서 문제야. 문제의 심각성을 전혀 몰라."

뽕구는 큐브를 꺼내 공중에 띄웠다. 눈앞에 번쩍 하고 화면이 떠오르자 '2005년, 무안, 싱크홀'을 입력했다.

"여기서 얘기하면 잘 모를 것 같네. 자, 일단 내 손을 잡아."

"소, 손? 손은 왜?"

말이 끝나기 무섭게 뽕구는 재현이의 손을 잡았다. 그러자 큐브에서 환한 빛이 퍼져나오더니 밖이 훤히 보이는 유리창이 생겨나 재현이와 뽕구를 둘러쌌다.

"앗, 이게 뭐야? 내 몸이 어떻게 된 거야?"

"호들갑 떨지 마. 우린 지금 박스로 변한 큐브를 타고 싱크홀이 있던 2005년 무안으로 이동하는 거야."

사방으로 마치 영상을 빠르게 돌리는 것처럼 풍경이 지나갔다. 재현이는 어지러워 눈을 감았다. 2005년이라면 과거인데, 마음대로 갈 수 있다니. 그것도 투명한 큐브를 타고 하늘을 난다는 게 신기했다. 얼마 후 큐브가 멈췄다.

"다 왔다. 저길 봐."

재현이가 밖을 내려다보니 마을 곳곳에 큰 구덩이가 보였다. 어떤 것은 폭이 20미터 가까이 되는 듯했다. 보기만 해도 아찔했다.

"마을에 대체 왜 저런 게 생기는 거야?"

뿡구는 큐브로 홀로그램 화면을 켜더니 이곳저곳을 살펴봤다.

"싱크홀은 자연히 생기기도 하고, 사람들 때문에도 생겨나. 자연 현상으로 생기는 싱크홀은 주로 석회암 성분으로 이루어진 땅에서 만들어져. 저긴 대부분이 석회암 지대야. 빗물이나 지하수가 땅속 석회암에 있는 탄산칼슘을 녹이고 빠져나가면 빈 공간이 생기는데, 그 위에 있던 땅이 꺼지면서 싱크홀이 생기는 거지."

좀 복잡했다. 하지만 큐브에 떠오른 홀로그램 영상을 함께 보니 이해가 되었다.

"와. 그러다 만약 집이나 자동차, 지하철이 있는 곳에 싱크홀이 생기면 어떡해."

"문제는 그거야. 이곳처럼 작은 마을에 싱크홀이 생겨도 위험천만한데. 큰 도시에 싱크홀이 생긴다면 어떻게 되겠어?"

"헉. 에이, 설마. 진짜 도시에 그런 일이 생기겠어?"

재현이의 말을 듣자마자 뿡구는 큐브 화면에 '2020년, 중국 쓰촨성, 싱크홀'을 입력했다. 큐브가 빠른 속도로 움직이더니 1분도 안 되어 곧장 멈춰 섰다. 넓은 도로 옆으로 주차장이 있는 곳이었다. 별다른 일이 생길 것 같지 않은, 평범한 장소였다.

"어? 여기는 어디야?"

재현이는 투명한 유리창 밖을 내다보며 주저앉았다. 재현이는 홀로그램 화면에 떠 있는 시간과 위치를 보고 설마 하며 물었다.

뿡구는 아무렇지도 않다는 듯이 어깨를 으쓱하며 대답했다.

"여기는 중국 남서부에 있는 도시인 쓰촨성이야."

재현이는 뿡구 말에 놀라서 주변을 둘러보았다. 큐브는 정말 언제든 어디로든 갈 수 있는 모양이었다.

"여기는 조용한 도시인 것 같아. 별일 없는데……. 어? 어!"

말을 끝내자마자 눈앞에 보이던 주차장이 푹푹 주저앉으며 주차된 차들과 근처 나무들이 땅속으로 빨려 들어갔다.

재현이는 눈앞에 보이는 모습을 보고 발을 동동 굴렀다. 하지만

할 수 있는 거라곤 하나도 없었다.

"사, 사람들이 있으면 어떻게 해. 빨리 사람들을 구해야 해!"

"싱크홀이 생긴 시간이 밤이라 다행스럽게도 인명 피해는 없었어. 물론 자동차가 땅에 묻히긴 했지만."

사람들이 다치지 않았다는 말에 재현이는 마음을 놓으며 한숨을 쉬었다. 자칫 사람들이 많이 다니는 시간이나 장소에 싱크홀이 생기면 어떻게 될지 상상만 해도 아찔했다.

"여긴 왜 싱크홀이 생겼어? 아까 본 무안처럼 석회암 지대야?"

"음, 여기 생긴 싱크홀은 좀 달라. 일단 이 지역에 한동안 비가 자주 내렸어. 폭우 때문에 지반이 약해져서 땅이 무너져 내린 걸로 보이네."

"와, 비가 많이 오면 땅이 꺼진다니 정말 너무 무섭다. 그나저나 우리나라도 여름 장마철 때 비가 많이 오잖아. 그럼 우리나라도 위험하지 않아?"

"오, 제법 똑똑한데? 네 말이 맞아. 한국도 무척 위험하지. 사실 한국의 국토 대부분은 석회암이 아닌 단단한 화강암층과 판마암층으로 이루어져 있어. 싱크홀이 자연히 생기지 않는 지대란 말이야. 그런데 사람들 때문에 싱크홀이 생기고 있어. 한국뿐 아니라 전 세계에서 싱크홀이 많이 생기고 있지."

"그래. 아까부터 사람들 때문에 싱크홀이 생긴다고 했는데 대체 무슨 말이야?"

재현이는 직접 눈으로 보기 전까지 믿기 힘들었다.

"아까 내가 한 말 기억하지? 땅이 석회암 지대이면 지하수와 빗물 때문에 싱크홀이 생긴다고 말이야."

"그렇지. 그런데 그게 왜?"

"일단 다시 우리가 출발했던 시간대로 돌아가자. 꽉 잡아."

큐브가 움직이면서 재현이 돋이 휘청거렸다. 잡을 게 없던 재현이는 어쩔 수 없이 뽕구 허리를 잡았다. 뽕구가 모니터에 '서울'이라고 입력하는 게 보였다.

얼마 지나지 않아 한강이 보였다. 그리고 곧 화려하고 높은 빌딩이 눈앞에 펼쳐졌다. 큐브는 서서히 속도를 줄였다. 그러자 주변 사물들이 눈에 들어왔다. 한국에 돌아왔다는 걸 깨닫자 재현이는 마음이 편해졌다. 밖을 둘러보는데 도로에 뭔가 아주 큰 그림자가 눈에 띄었다.

"어, 어? 저기 도로에 그림자가 있어! 꽤 큰 그림자야!"

"글쎄, 그림자 같지가 않은데?"

뽕구가 큐브를 조정하자 순식간에 그림자와 가까워졌다.

"세상에! 이게 뭐야? 싱크홀이잖아!"

가까이에서 보니 자동차 한 대 정도가 빠질 크기의 싱크홀이었다. 멀리서 그림자처럼 보인 것이 싱크홀이었다니. 주변을 살펴보니 다행히 지나가는 자동차는 보이지 않았다. 하지만 그렇다고 해서 그냥 두고 볼 일은 아니었다. 도로이니 언제든 차가 지나가다 빠질 수 있었다.

"재현! 어서 119에 신고해!"

뽕구의 말에 재현이는 서둘러 휴대전화를 꺼내 119 안전신고센터에 전화했다. 잠시 뒤 소방차와 경찰차가 오고 싱크홀이 생긴 곳을 둘러쌌다. 다행히 조치가 빨라서 사고가 나지는 않았다.

재현이는 멀리서 그 모습을 지켜보며 한숨을 쉬었다.

"잘했어. 신고한다는 게 아주 중요한 거야. 신고는 안전으로 가는 첫 번째 걸음이라 할 수 있어. 네가 당장 해결할 수 없을 땐 어른들의 힘을 빌리는 게 가장 좋아."

재현이는 처음으로 듣는 칭찬에 기분이 좋아졌다. 자신이 무엇인가 할 수 있다는 생각에 뿌듯하기까지 했다.

"그런데 저기에는 왜 싱크홀이 생긴 거야? 석회암 지대도 아니라면서."

"저쪽을 보면 공장 지대와 농지가 보여."

"그게 싱크홀이랑 무슨 상관이야?"

"자, 잘 생각해 봐. 싱크홀은 물과 가장 관련이 있어. 땅속에 지하수가 흐르는데 근처에서 지하수를 퍼다 쓴 거야. 아무리 멀리 떨어져 있다 하더라도 땅속 지하수를 끌어다 쓰면 땅 밑은 어떻게 되겠어?"

"그야. 물이 빠져나간 만큼 공간이 생기겠지?"

"그거야. 그 공간이 생기니 당연히 위에 있던 땅이 어떻게 되겠어?"

"아, 그렇다면 물이 빠져나가서 땅속에 생긴 빈 공간 속으로 땅이 꺼졌다는 거구나!"

"정답!"

뿡구가 큐브를 조작하자 느릿하게 가던 큐브가 또다시 빠르게 움직였다. 이번에는 근처에 건물 공사를 하는지 땅에 철근을 심은 공사장이 보였다.

"서울이라 그런지 여기는 진짜 높은 건물을 많이 세우나 봐. 여기저기 공사하는 모습이 보여."

그러자 뿡구가 진지한 표정으로 물었다.

"최근 몇 년 전까지만 해도 싱크홀이 어마어마하게 생겨났지. 이런 곳에 싱크홀이 왜 생긴다고 생각해?"

"음. 주변에 공장이 많이 들어선 것도 아니고, 농사를 짓는 땅도 없는데."

그때 공사장에서 공사하는 소리가 요란하게 들렸다. 땅속에 거대한 돌이 있는지 굴삭기로 돌을 깨는 소리가 사방에서 아주 크게 울렸다.

"어우, 시끄러워. 공사장 안에 들어오니 정말 소음이 심하구나."

재현이는 두 손으로 귀를 막았다. 그래도 소음은 여전했다.

"도심에는 상하수도관 같은 시설물이 복잡하게 얽혀 있어. 그런데 지하철 터널이나 건물 등을 공사하기 위해 땅속을 뚫으면서 지하 지반이 약해지기도 하고, 상하수도관을 건드리는 바람에 물이 새어나올 수도 있어."

물이 새어 나온다는 건 흙을 쓸어가면서 땅속을 비게 만든다는 뜻이었다. 그러면 땅이 무너져 싱크홀이 생기는 거였다.

"이뿐만 아니야. 사람이 공사하다가 실수로 건드리기도 하지만 싱크홀에는 다른 원인도 있어. 오래된 도시 지하에 있는 상하수도관은 무척 낡았거든. 건드리지 않더라도 자연히 물이 새어 나와 흙을 쓸어 가면서 싱크홀의 원인이 될 수 있다는 얘기야."

도시 지하에는 상하수도 같은 지하 시설물이 많아서, 사람들이 무리하게 개발하면 자칫 대형 사고로 이어질 수 있다는 얘기였다. 재현이는 그제야 모든 게 이해되었다.

"서울과 같은 도시는 지하 시설물이 정말 엄청나게 복잡할 텐데 그럼 어떻게 해야 하는 거야? 싱크홀이 더 많이 생기면 어떡하지? 잘못하면 사람들이 많이 다칠 수 있잖아."

도시에서 공사하는 모습은 학교나 학원을 가거나, 부모님과 차를 타고 이동할 때 자주 볼 수 있었다. 이처럼 땅속을 자주 파서 개발한다면 싱크홀로 인한 사고가 계속 일어날 것 같았다.

"땅속이라 대체 어떤 일이 일어나는지 모르니까 생기는 사고인 것 같아. 땅속을 좀 훤히 들여다보면 얼마나 좋을까? 그럼 공사하다가 상하수도관을 건드릴 일도 없을 거 아니야."

"오, 녀석 제법이야. 네 말대로 땅속을 훤히 들여다보는 시스템이 생겨났어. 대한민국 국토교통부에서 지하공간 통합지도를 만들었더라고."

"지하공간 통합지도?"

말만 들어도 땅속을 훤히 볼 수 있을 듯했다.

"그래. 지상에 있는 땅의 모습을 지도로 보듯이 땅속에 무엇이 있는지 한눈에 볼 수 있는 시스템이야. 지구인의 기술이 날로 좋아지고 있지 뭐야. 그래도 아직 우리 별 따라가려면 한참 멀었지만 말이야."

지하공간 통합지도를 사용해 싱크홀이 생겨나는 걸 막는다니, 아주 잘된 일이었다.

"하지만 그렇다고 방심해선 안 돼. 통합지도로 서울시의 싱크홀 발생률은 줄였지만 그렇다고 싱크홀이 생겨날 가능성이 모두 없어진 건 아니니까. 언제 어디서든 사고가 날 수 있다는 사실을 잊지 말아야 해."

 큐브에 탄 재현이와 뽕구는 도시에서 점점 멀어졌다. 요란하게 들렸던 공사장의 소음도 점점 멀어졌다. 조금 더 멀어지니 도시에 불빛이 반짝였다. 멀리서 보니 참 아름다운 곳이었다.

무엇이든 집어 삼키는 싱크홀

싱크홀이 뭐예요?

싱크홀은 땅이 꺼지면서 생기는 구멍이에요. 자연 현상일 때는 땅속에 있던 암석이 지하수나 빗물, 바람 등으로 깎여 나가거나 동굴 같은 땅속 지형이 무너지면서 생기지요. 주로 석회암 지형에서 생겨요. 석회암은 물에 잘 녹는 성분인 탄산칼슘이 주성분이거든요. 석회암으로 된 땅이 오랜 시간 빗물이나 지하수를 만나면 자연히 석회암 동굴이 생겨요. 그렇게 땅속이 빈 석회암 지대가 땅 표면의 무게를 이기지 못해 무너지면서 싱크홀이 생겨요.

2016년, 폭우로 암석이 깎여 나가 생긴 싱크홀
ⓒ미국 오리건주 교통부

사람이 만드는 재해, 싱크홀

석회암 지대가 아닌 도심에도 싱크홀이 많이 생겨요. 도심에서 싱크홀이 생겨나는 원인은 지하 시설물 설치나 지하자원 개발 때문이에요. 도심 아래에는 지하수가 흐르는데, 지하수를 너무 많이 퍼내면 동공이라는 빈 공간이 생기고, 주변 지반이 약해져 무너지면서 싱크홀이 생겨요.

또한 도심 지하에 있는 상하수도관이 낡아서 균열이 생기면 물이 새고, 이 물로 인해 주변 흙들이 쓸려 내려가 빈 공간이 생기기도 해요. 특히 건축물을 공사할 때 실수로 상하수도관을 망가뜨려서 물이 새어나오는 경우도 많아요. 또 우리나라 도심 지하에는 지하철이 복잡하게 얽혀 있는데, 지하철 공사를 하며 임의로 지하수의 흐름을 바꾸는 게 원인이 되기도 해요.

우리나라 곳곳에 싱크홀이 있다고요?

우리나라는 해마다 전국에서 크고 작은 싱크홀 사고가 약 900건 일어나요. 2014년 7월 서울 송파에는 상하수도관에서 물이 새어나오면서 주변 흙이 쓸려 나가 약 80센티미터 크기로 싱크홀이 생겼어요. 2015년 서울 용산에 생긴 싱크홀에는 지나가던 사람 2명이 빠져 다치기도 했지요. 그 밖에 지하철 공사로 인해 싱크홀이 생기는 등 우리나라도 싱크홀 피해가 늘고 있어요.

구멍 숭숭, 세계가 위험해요!

싱크홀은 전 세계에서 생기며 사람들을 위험에 빠트려요. 2007년 과테말라 도심 주택가에서 폭이 약 100미터인 싱크홀이 생겼을 때, 시민 1000여 명이 대피했고 5명이 숨졌어요. 오래된 배수관이 망가지면서 흘러나온 물이 지반을

약하게 만들었기 때문이에요. 2020년에는 중국 칭하이성의 한 번화가 한복판에 싱크홀이 생겨 버스가 빠졌어요. 이 때문에 9명이 사망하고 수십 명이 부상을 입었어요. 무분별한 지하 개발 때문에 생긴 싱크홀이었지요. 이 밖에도 여러 나라 도심에서 싱크홀이 발생해 인명과 재산 피해를 일으키고 있어요.

지하공간 통합지도로 싱크홀을 예방해요

도심에서 생겨나는 싱크홀은 주로 지하철이나 건물 등 건축물 공사 때문에 많이 발생해요. 상하수도나 가스, 주차장, 지하철 등을 공사할 때 지하 공간을 이용하는데, 지하 공간이 눈에 보이지 않아 사고가 생길 위험성이 크지요.

지상에서 사람들이 길을 찾을 때 지도를 이용하듯 지하 공간도 한눈에 볼 수 있는 지도가 있다면, 어디에 무엇이 있는지 알 수 있을 거예요. 그러면 상하수도관을 잘못 건드려 싱크홀이 생기는 사고를 방지할 수 있겠지요.

그래서 최근 한국국토정보공사는 '지하공간 통합지도'를 만들었어요. 지하시설물이나 지반 등의 정보를 3D로 만들어 지하 공간을 한눈에 파악할 수 있답니다. 이 지도를 이용하면 공사할 때 비용을 절감하는 것은 물론, 지하 시설물이 어디에 있는지 확인해 공사를 안전하게 할 수 있어요. 또한 지하 시설물이 파손되었을 때 근처에 있는 시설물을 빨리 파악해 2차 사고를 막을 수 있지요.

싱크홀, 미리 알 수 있을까요?

최근 들어 무분별한 도심 개발로 생겨나는 싱크홀 때문에 세계에서는 싱크홀을 예방하고 생명과 재산을 지킬 수 있는 방법을 고민하고 있어요. 미국 지질조사국은 항공우주국과 함께 위성이나 드론, 공중레이더 등을 이용해 지형 자료를 분석하지요. 싱크홀이 생기기 전에 보이는 현상을 탐지해 연구하고, 지도를 만들어 싱크홀 사고를 예측해요.

싱크홀이 생기면 어떻게 할까요?

싱크홀을 발견하면 경찰서나 소방서에 발생한 곳의 위치를 빨리 알려 추가 사고를 예방해야 해요. 출동 후에는 최대한 사람들을 통제하고 주변 시설물의 안전을 점검한답니다.

한편 건물 근처에 싱크홀이 발생하면 폭발이 일어날 수 있어 가스 밸브가 잠겨 있는지 확인해야 해요. 또 싱크홀이 보이면 최대한 멀리 떨어져야 해요. 가까이 가면 추가로 일어나는 사고에 휩쓸릴 수 있어요.

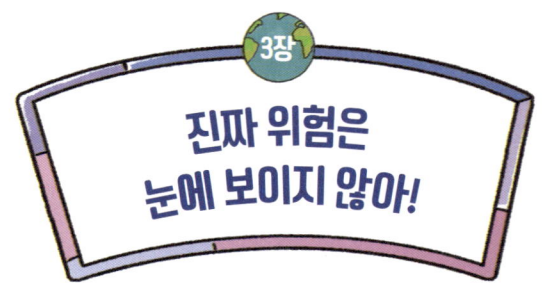

3장
진짜 위험은 눈에 보이지 않아!

"싱크홀을 미리 예방할 수 있다니 정말 다행인 것 같아."

"그렇지. 지구인들이 눈앞에 보이는 이익만 좇지 않는다면 충분히 막을 수 있어."

"그래도 지진 같은 게 나지 않아서 얼마나 다행인지 몰라. 만약 지진이 난다면 싱크홀보다 더 큰 피해가 생길 것 같은데."

재현이는 예전에 텔레비전에서 본 뉴스 화면을 떠올렸다. 다른 나라에서 발생한 지진으로 건물이 무너지고 큰 파도가 일어 수많은 사람들이 죽거나 다쳤다.

"그렇지. 싱크홀이 생길 때도 피해가 크지만, 갑자기 큰 지진이 일어났을 때 피해는 더욱 엄청나지. 그런데 사람들이 에너지를 쉽게 얻으려고 하는 한, 사람 목숨이나 재산을 잃는 지진 피해도 더 크게 입을 거야."

"그게 무슨 말이야?"

재현이는 뽕구의 말에 의아해하며 물었다.

"그래, 이번엔 여기로 가는 게 좋겠어."

뽕구는 대답도 하지 않고 생각에 빠져 홀로그램 화면을 띄웠다. 한참 골똘히 생각하더니 빠른 속도로 허공에 뜬 화면을 조정했다.

"이번엔 어디로 간다고?"

"일단 따라 와. 가서 알려 줄게."

재현이와 뽕구가 탄 큐브는 또다시 어디론가 향했다. 밖에 보이는 풍경은 화면을 빨리 돌리듯 어지러웠다. 벌써 몇 번째 큐브에 탔지만 적응하기 힘들었다.

"좀 천천히 가면 안 될까? 대체 어디를 간다는 거야……."

말이 끝나기 무섭게 큐브가 멈춰 섰다. 정신을 차리고 보니 한적한 해변가였다.

"와, 여기 바닷가잖아? 나 부모님이랑 작년에 동해 놀러가 보고 처음 와 봐."

멀리 하얀 파도가 부서지고 갈매기들이 한가롭게 날아 다녔다. 한쪽으로 상당히 큰 건물들이 보였다.

"그래, 우리 쉬어 가면 좀 좋아? 바닷가에서 잠깐 수영도 하고 근처에서 아이스크림도 좀 먹자. 너, 지구의 아이스크림이 얼마나 맛있는지 알아?"

재현이가 큐브에서 내리려고 할 때였다.

"안 돼. 내리면 안 돼."

"뽕구, 왜 안 된다는 거야? 잠깐만 놀고 다시 가자."

"여긴 일본 후쿠시마야."

"후, 후쿠? 어디라고?"

"잠깐만."

뽕구는 허공에 뜬 화면을 서둘러 조작하더니 말했다.

"하, 역시……. 여기는 아직까지 무척 위험해."

뽕구가 보는 화면이 시뻘겋게 번쩍거리면서 삐삐 하는 무시무시한 경고음이 나왔다. 뽕구가 몇몇 버튼을 누르자, 경고음이 멈췄다. 귀를 막던 재현이는 예전에 뉴스에서 본 게 떠올라 외쳤다.

"아! 생각났어. 여기 몇 년 전 원자력 발전 사고가 있던 곳 아니야?"

"그래. 여긴 2011년 3월에 지진과 쓰나미 때문에 원자력 발전소가 폭발했던 곳이야. 그 때문에 엄청난 방사성 물질이 나왔던 곳이지. 정확히는 '원자력 발전'이 아니라 '핵 발전'이라고 부르는 게 좋겠어."

"핵 발전? 핵 발전이라고 하니 좀 무섭다."

"그래. 핵 발전이라는 말을 순화하기 위해 원자력 발전이라고 많이 써. 그때 우리 행성에서 처음 지구의 사고 소식을 듣고 모두 놀랐던 기억이 나네."

뽕구는 자기네 행성 일이 아닌데도 충격이 컸는지 표정이 좋지 않았다.

"엇. 그러면 지금 여기 몇 년도로 온 거야? 설마 핵 발전소가 터지는 걸 보는 거야?"

재현이는 겁에 질렸다. 아무리 허공에 떠 있다고 하지만 폭발하는 모습을 보고 싶지는 않았다.

"걱정하지 마. 지금은 현재야. 과거로 오지 않았어."

"그럼 왜 내리지 않는 거야? 폭발은 이미 2011년에 일어났다면서."

재현이는 이상해서 물었다.

"여기는 아직도 방사능 수치가 높거든."

"방사능 수치가 그렇게 안 좋아?"

재현이와 뽕구가 탄 큐브에 경고등으로 보이는 빨간색 빛이 켜졌다 꺼졌다 했다. 방사능 또는 방사성 물질이 몸에 좋지 않다는 이야기는 들은 적 있지만 어떻게 왜 안 좋은지는 알지 못했다.

"방사성 물질이 내보내는 방사선은 눈에 보이지도 냄새나지도 않아. 그런 방사선이 한꺼번에 너무 많이 우리 몸의 세포와 충돌하면 피부가 타거나 적혈구가 파괴돼. 또 세포에 영향을 줘서 세포가 변하기도 해. 그만큼 아주 위험해."

방사능 수치가 높은 곳인데도 평화로워 보였던 이유는 방사선을 보거나 냄새 맡을 수 없기 때문이었다.

"음. 방사능 측정기 수치가 요란하게 올라가네. 하기야, 당시에 이 사고 때문에 원자력 사고 등급 7단계로 분류되었으니 아직도 이럴 수밖에 없지. 7단계가 제일 위험성이 높은 등급이야."

재현이는 7단계라는 말에 갑자기 걱정이 되었다.

"그러면 우리도 방사능에 오염되는 거 아니야?"

"그건 아니야. 우리가 탄 큐브는 이 정도 방사능이 절대 뚫고 들어올 수 없어. 물론 너희 지구인이 만든 기술로는 무척 위험할 테지만."

뽕구가 화면을 조작하자 일본 지도가 나왔다. 지도에는 재현이와 뽕구가 있는 위치가 화살표로 나타났다. 그리고 후쿠시마를 중심으로 일본의 수도인 도쿄까지 빨간색으로 표시되었다.

"후쿠시마를 중심으로 일본 땅의 약 70퍼센트 정도가 방사능에 오염되었어. 후쿠시마와 가까운 도쿄까지 방사능에 오염된 거지."

"방사능에 오염된다는 건 무슨 뜻이야?"

"핵 발전의 진짜 큰 피해 중 하나는 방사능에 오염된 먹을거리가 인류의 생존을 위협한다는 거야. 수돗물이나 바닷물 구별할 것 없이 모든 물을 비롯해 각종 채소와 심지어 들판에 키우던 소는 물론이고 그 주변 흙에서 방사성 물질이 나오니까."

방사능 때문에 먹을 것도 마음 놓고 먹을 수 없다니. 재현이는 이 사실이 도저히 믿기지 않았다. 심지어 방사능에 오염된 먹을거리를 사람이 먹으면 암이 생길 수도 있다고 뽕구가 덧붙였다.

지도를 보니 후쿠시마와 도쿄까지 거리가 300킬로미터쯤 되었다. 꽤 먼 거리인데 어떻게 방사성 물질이 여기까지 퍼질 수 있을까. 오염된 지역이 마치 한반도 면적과 비슷했다.

겉으로 보기엔 평온한 바닷가였다. 파도가 일고 태양은 수평선에 잘게 부서져 눈부셨다.

"그럼 이곳은 앞으로 어떻게 되는 거야? 그때 피난 갔던 사람들은 언제 돌아올 수 있어? 방사능은 언제 없어져?"

재현이는 쉴 새 없이 질문을 쏟아 냈다.

"노는 것만 좋아하는 줄 알았더니. 질문이 많구나. 좋아. 질문을 던지는 건 사회를 바꾸는 첫걸음이야. 질문하지 않거나 의심을 품지 않는다면 사회는 항상 제자리걸음할 수밖에 없어."

뽕구는 재현이 질문이 마음에 들었는지 흡족해하더니 설명을 이었다.

"처음 피난 갔던 사람들이 하나둘 다시 돌아와 살고 있어. 후쿠시마 시내도 전처럼 평범한 도시처럼 보이지. 일본 정부에서는 방사능 수치가 낮게 나오니 문제가 없다고 발표하거든."

"정말 문제가 없는 거야? 여기 아직 방사능 수치가 높다며. 아주 멀리까지 퍼지고."

"중요한 지적이야. 너 혹시 엑스레이 찍어 봤어?"

"엑스레이? 예전에 넘어져서 다리 다쳤을 때 찍어 봤어."

"그러면 엑스레이 찍을 때도 방사선이 나온다는 거, 알지?"

"어. 그랬구나. 그건 미처 몰랐네."

재현이는 머리를 긁적이며 대답했다.

"엑스레이를 찍을 땐 아주 적은 방사선이 나오는데 우리 몸에 크게 영향을 미치진 않아. 물론 그것도 자주 한다면 안 좋지만 말이야. 하지만 사고 당시 후쿠시마 원자력 발전소에서 수치가 어마어마한 방사성 물질이 나왔어. 짧은 시간 동안 많은 양에 노출되면 암으로 사망할 수 있는데 말이야. 그러자 일본은 세계가 인정한 기준을 무시하고 기준치를 바꿔 버렸지."

"일본인들이 유독 방사능에 강한 건……."

"물론 아니지! 사람은 다 똑같으니까. 어린아이처럼 방사능에 더 취약한 사람이 있으면 몰라도. 어느 나라 사람이건 다 똑같지."

재현이는 일본 정부에서 일부러 잘못된 정보를 국민에게 제공하는 게 이해되지 않았다.

"책임지지 않으려는 거야. 처음 후쿠시마에 핵 발전소를 만든다고 했을 때 다들 반대했어. 하지만 위험하지 않다면서 주민들 의견을 무시하고 지었거든. 후쿠시마에 사고가 터지고 나서, 핵 발전소는 대부분 가동을 멈췄어. 그런데 이제 다시 가동하려고 안전하다고 말하는 거지."

'사고가 났는데도 다시 발전소를 가동한다고?'

그러고 보니 우리나라에서도 핵 발전소와 관련해 끊임없이 논란이 일었던 것 같았다.

"우리나라도 핵 발전소가 많지 않아?"

"어디 보자. 세계에서 핵 발전소가 가장 많은 곳은 미국이야. 한국은…… 여섯 번째로 핵 발전소가 많네."

이 작은 한반도가 핵 발전소가 많기로 손꼽힌다니. 뽕구는 한국에 건설 중인 원전 4개를 제외하고 핵 발전소가 모두 24개 있다고

덧붙였다.

  재현이는 새로 알게 된 사실에 깜짝 놀랐다. 뿡구가 보여준 홀로그램 영상 속 한반도 지도에는 핵 발전소가 너무 다닥다닥 붙어 있었다. 혹시라도 사고가 나면 피해가 클 것 같았다.

  "휴. 그렇다고 전기를 안 쓸 수도 없으니. 핵 발전소가 꼭 필요한 거 아니야? 핵 발전소가 없다면 전기를 만들 수도 없잖아."

  "핵 발전소를 찬성하는 사람들은 그렇게 얘기해. 이보다 값싼 전기는 없다고 말이야. 게다가 석유나 석탄을 사용할 때보다 이산화탄소가 나오지 않아 환경에 이롭다고."

  뿡구는 크게 한숨을 쉬더니 다시 큐브를 조정하며 말했다.

  "하지만 반대 입장은 전혀 달라. 현재 지구인의 기술로는 핵 발전 후 나오는 핵폐기물을 처리할 수 없어. 그걸 보관하고 운반하는 단계에서도 이산화탄소가 많이 나오고. 또 핵 발전의 원료가 우라늄인데, 우라늄도 앞으로 100년도 못 가서 고갈된다고 해. 가장 중요한 건 아까 봤듯이 한번 사고가 나면 피해가 걷잡을 수 없다는 거야. 발전소도 오래되면 고장이 나. 그리고 만약 후쿠시마처럼 발전소 근처에 지진이 일어난다면 어떻게 되겠어. 자세한 건 너희 나라 발전소 근처로 가서 알아보자."

  뿡구와 재현이가 탄 큐브가 움직이더니 어느덧 조용한 마을에 멈춰 섰다. 마을 너머 바다가 보였다. 근처에는 한눈에 봐도 엄청

나게 큰 건물이 보였다. 핵 발전소였다. 발전소 주변에 사람들이 모여 있었다. 주로 나이가 많은 할머니, 할아버지들이었다.

"무슨 행사를 하는 거야?"

노란 조끼를 입은 사람들은 강하게 내리쬐는 햇볕에 지쳤는지 기운이 없어 보였다.

"시위하는 거야."

"시위라니? 왜?"

"핵 발전소 인근에는 방사성 물질이 수십 배에서 수만 배나 더 생긴대. 갑상선암에 걸리는 확률만 봐도 발전소 주변에 사는 사람이 약 2.5배 더 걸린대."

뽕구가 말하길 이런 통계 자료가 있는데도, 핵 발전소를 지으려는 사람들은 암과 방사능이 관련 없다며 주민들의 말을 들어주지 않는다고 했다. 소리도, 냄새도 보이지 않으니 수십 년간 쌓인 방사성 물질에 몸은 약해지고 급기야 암에 걸렸을 것이다.

듣고 보니 지구 환경에 이롭다며 핵 발전을 이용한다는 주장이 이해되지 않았다. 오히려 지금까지 큰 사고가 날 수 있는 위험성을 띠고 사람들의 생명을 위협하고 있었다.

"1986년에 체르노빌 핵 발전소 사고가 있었지. 그 사고 등급도 7단계였는데 그 일로 근처 지역은 물론 유럽 전체가 피해를 입었어. 그래서 체르노빌 사고로 무려 1000킬로미터나 떨어진 독일이 핵을 사용하지 않는 탈핵에 나선 거야."

말을 마친 뽕구는 또 다시 큐브를 조정했다. 그 모습을 본 재현이는 이번엔 어디로 가는지 궁금하면서도 걱정이 되었다. 미처 몰랐지만 지구에 닥친 위기가 너무도 많았다.

뽕구는 화면에 독일 프라이부르크를 입력하며 말했다.

"독일이 핵을 사용하지 않고도 어떻게 에너지를 얻는지 직접 보여 줄게."

순식간에 큐브가 독일에 도착했다. 재현이는 밖에 보이는 풍경을 보았지만 여느 도시와 크게 다를 바 없었다. 마을 가운데로 전차가 지나가고 자전거를 탄 사람들이 좀 많이 보일 뿐이었다.

"이런, 잠시만. 이 큐브가 갑자기 말을 안 듣네. 잠깐 내려서 마을 좀 구경하고 있을래? 나는 잠시 큐브를 손봐야 할 것 같아."

뽕구의 말에 재현이는 큐브에서 내렸다. 뽕구는 재현이가 내리기 전에 길을 잃거나 필요할 때 쓰라며 손목에 시계를 채워 주었다. 단순히 시간만 확인하는 시계가 아닌 듯했다.

오랜만에 큐브 밖으로 나오니 불어오는 바람이 시원했다. 멀리 가지 말라는 뽕구 말에 재현이는 알았다며 손을 흔들었다.

그때 갑자기 뒤에서 큰 소리가 났다.

"거기 비켜!"

분명 한적한 길이었다. 지나가는 차도 없고 멀리 산책을 나온 사람들뿐이었다. 그런데 어느새 나타났는지 자전거를 탄 아이가 재현이 뒤쪽으로 지나치다가 재현이와 부딪혀 넘어졌다.

"아얏!"

재현이는 짧게 비명을 질렀다. 자전거와 같이 넘어진 여자아이는 재현이 또래로 보였다. 다행히 여자아이는 심하게 다친 것 같지 않았다. 재현이도 마찬가지였다.

"앞을 잘 보고 가야지!"

재현이가 놀란 마음을 추스르는데 여자아이가 오히려 화를 냈다. 가만히 서 있는데 자기가 와서 부딪혀 놓고 큰소리였다. 너무 어이가 없어 재현이는 눈에 힘을 주고 말했다.

"아니. 네가 와서 부딪쳐 놓고, 왜 나한테 화를 내는 거야?"

놀랍게도 재현이의 입에서 나온 말은 독일어였다. 세상에 태어나서 독일어는 듣지도 말해 본 적도 없었다. 이게 어떻게 된 일인지 생각할 겨를도 없이 여자아이는 재현이 손을 잡아끌며 옆으로 피했다. 뒤쪽으로 자전거를 탄 사람들 무리가 한꺼번에 몰려오는 모습이 보였기 때문이었다.

"미안해. 너무 당황해서 그랬어. 여긴 자전거 길이거든."

아까랑 달리 상냥한 말투였다. 여자아이는 자신의 이름을 엘레나라고 소개했다. 재현이도 화를 가라앉히고 말했다.

"나도 미안해. 여기가 자전거 길인 줄 몰랐어. 여기는 자전거를 많이 타나 보다. 마을이 다른 곳과는 조금 다른 것 같아."

"우리 마을? 다른 곳이랑 좀 다른가? 난 잘 모르겠는데. 에너지를 직접 만들어 쓰는 거 빼고는 똑같이 사람 사는 동네야."

"에너지를 직접 만들어 쓴다고?"

재현이는 처음 듣는 소리에 호기심이 생겼다. 그러고 보니 집집마다 창문과 옥상에 무엇인가 달려 있었다.

"응, 맞아. 저기 보이는 건 태양광 집광판이야. 태양에서 빛에너

지를 받아 모아서 집집마다 전기 대신 쓰는 거야."
"그러면 너희는 핵에너지를 이용하지 않는 거야?"
"핵에너지? 우리나라는 핵 발전소가 없어. 집집마다 설치해 놓은 걸로도 충분히 에너지를 얻을 수 있으니까."

엘레나는 마을에서 여름과 겨울을 나기 위해 나무와 식물도 이용한다고 말했다. 엘레나를 따라 마을을 둘러 보니 집집마다 정원이 보였고, 집 외벽에 덩굴 식물이 자라 벽을 덮은 모습이 눈에 띄었다. 이렇게 하면 여름에 뜨거운 태양열이 건물 안으로 들어오지

못해 시원하고, 겨울에는 햇볕을 충분히 받아 따뜻하다고 했다. 또 집마다 쓰고 남은 전기는 되판다고 했다.

'핵 발전소가 없어도 자연에서 충분히 에너지를 얻을 수 있구나.'

환경을 오염시키지 않고 돈도 벌 수 있다니 상당히 알뜰하고 똑똑한 방법이란 생각이 들었다.

엘레나는 마을 이야기를 한참 동안 늘어놓더니 가 봐야 한다며 자전거를 타고 떠났다. 헤어지며 손을 흔드는데 마침 손목에 찬 시계가 울렸다. 시계를 보고 화면을 누르자 뽕구가 보낸 메시지가 보였다. 큐브로 돌아오라는 내용이었다.

서둘러 가니 뽕구는 힘을 많이 썼는지 땀을 뻘뻘 흘렸다.

"어때? 마을은 잘 둘러 봤어?"

이 마을이 어떤 마을인지 이미 알고 있다는 듯 뽕구가 말했다.

"응. 핵 에너지와 화석 에너지 없이 친환경 에너지를 만들어 낼 수 있다는 걸 알았어. 독일뿐만 아니라 우리나라는 물론이고 전 세계에서 많이 이용하면 좋을 것 같아."

재현이는 마을에서 본 걸 떠올리며 진지하게 말했다.

"그런데 한 가지 의문이 생겼어."

"의문이라면?"

"사람들만 이렇게 생각하면 뭐하나 싶어. 사람들이 아무리 지구 환경을 생각해도 어차피 나라 운영은 정치인이 하는 거잖아. 사고가 나도 제대로 처리도 못하고 고통받는 사람들이 있다니 너무 답답해. 정치하는 사람들은 나라마다 다 똑같지 않겠어?"

"어딜 가나 정치인들이 문제이긴 해. 하기야 내가 사는 곳도 별반 다르지 않지."

뽕구는 재현이의 어깨를 토닥였다.

"그런데 네가 잘못 생각하는 게 있구나. 나쁜 정치인도 있지만 그렇지 않은 정치인들도 있어. 서로 다른 주장을 할 때 그 주장이 사실인지, 누군가 거짓말을 하고 있지 않은지 판단하는 게 정치인을 뽑는 사람들 몫이야."

"거짓말을 한다고?"

"응. 아직 넌 투표할 수 없지만 훗날 투표할 때 정치인의 거짓말을 구분할 줄 알면 돼. 그걸 아는 순간 진짜 어른이 되는 거지."

거짓말을 구별할 수 있다면 진짜 어른이 되는 거라니. 재현이는 뽕구의 말이 알쏭달쏭했다.

"아직 갈 길은 멀지만 지구가 하나둘씩 바뀌어 가는 건 좋은 징조야. 물론 지구는 문제투성이지만. 그래도 네가 이런 생각까지 한다는 게 다행스럽다. 어쨌든 이번에도 좋은 여행이 된 것 같지?"

뽕구와 재현이가 탄 큐브가 높이 날아오르자 햇빛을 받은 큐브의 흔적이 파란 하늘에 반짝 하고 빛났다.

핵에너지는 왜 위험할까요?

방사선과 방사성 물질은 어떻게 다를까요?

물질을 이루는 아주 작은 알갱이를 '원자'라고 해요. 너무 작아 눈에 보이지 않지요. 원자는 대부분 모습이 변하지 않지만 어떤 특정한 원자들은 핵 분열을 하면서 다른 원자로 변해요. 이때 작은 알갱이나 빛이 나오는데 이를 '방사선'이라고 해요. 보이지 않는 광선 같은 거죠. 자연에서 아주 적은 양이 나오고, 엑스레이에도 쓰여요.

한편 방사선을 내보낼 수 있는 힘을 '방사능'이라고 해요. 방사선을 내보내는 물질은 '방사성 물질'이라고 하지요. 방사선은 색도 없고 냄새도 안 나고 소리도 나지 않아 알 수 없어요. 하지만 너무 오래, 많이 생명체에 닿

빛   전등

방사선   방사성 물질

으면 무척 위험해요. 방사성 물질이 호흡기나 피부 등을 통해 우리 몸에 들어오면 세포와 충돌해 세포가 죽거나 유전자를 변화시켜 각종 암을 일으켜요.

핵 발전이 뭔가요?

핵 발전은 핵연료인 우라늄을 사용해요. 우라늄의 원자핵이 쪼개질 때 생긴 엄청난 열에너지로 터빈을 돌려 전기를 만들어요. 이때 뜨거운 열과 함께 요오드, 세슘 등 독성이 강한 방사성 물질이 나와요. 이 물질들은 생명체에 무척 해로워 핵에너지를 만드는 장치인 원자로 밖으로 내보내면 안 돼요.

핵 발전으로 에너지를 만들면 그 후 버리는 핵폐기물을 처리하는 데 여러 문제가 생겨요. 핵폐기물에도 방사성 물질이 남아 있기 때문에 아무렇게나 버릴 수 없거든요. 특히 원자로에서 사용한 핵연료는 핵폭탄을 만드는 원료로도 사용할 정도로 아주 위험해요. 아주 조금만 새어 나와도 수만 명이 암에 걸릴 수 있어요.

하지만 이런 위험한 핵연료를 처리할 수 있는 기술은 아직까지 없어요. 수백 미터 땅속에 콘크리트 구조물을 만들어 무려 10만 년 이상 보관해야 하죠. 게다가 지진이 일어나거나 세월이 지나면 땅 위로 다시 새어나올 수 있어요. 현재 우리나라 핵폐기물은 핵 발전소 인근에 저장소를 만들어 임시로 보관해요. 그런데 임시 저장소도 2031년이면 핵 발전소마다 차례로 가득 차서, 이대로라면 핵폐기물을 보관할 곳이 없다고 해요.

한국 신고리 핵 발전소 1·2호기 ⓒ한국고리원자력본부

인류의 재앙, 핵 발전 사고

핵 발전소 사고는 전 세계에서 자주 일어났어요. 1986년 옛 소련의 체르노빌 핵 발전소에서 원자로 폭발 사고가 일어났어요. 강한 독성을 띤 방사성 물질이 새어나와 지금도 발전소 주변에는 사람이 살 수 없어요. 핵 발전 사고 등급에서 가장 심각한 7단계에 해당했고, 7천여 명이 사망하고 70만 명이 치료를 받았어요.

7단계에 해당하는 핵 발전 사고는 2011년 3월 일본 후쿠시마 핵 발전소에서도 일어났어요. 원자로 4개가 연달아 폭발하고 방사성 물질이 엄청난 양으로 나와 일본은

1986년, 체르노빌 핵 발전소
ⓒ 국제원자력기구

물론이고 주변국까지 피해를 입혔지요. 이 사고로 인근 주민들은 대피했지만 갑상선암 같은 질병에 시달리고 있어요. 또한 방사성 물질은 태평양까지 흘러들어 심각한 바다 오염을 일으키고 있어요.

탈핵에 나선 나라들

독일, 스위스, 벨기에 등 여러 국가들은 핵 발전소를 더 짓지 않고 지금까지 지은 핵 발전소를 줄여 사용하지 않겠다고 선언했어요. 이것을 '탈핵'이라고 하지요. 특히 독일은 핵에너지 의존율이 높았던 나라였어요. 하지만 세계에서 일어난 끔찍한 핵 발전소 사고를 보고 시민단체를 중심으로 탈핵 운동이 일어

났어요. 이어 핵을 반대하는 정당이 활발히 활동하면서 재생에너지 법안이 발의돼 독일 정부는 계속해서 핵에너지 폐지 정책을 펼치고 있어요.

지속가능한 재생 에너지에는 무엇이 있나요?

석탄, 석유 같은 화석 연료는 지구 온난화를 불러 일으켜요. 핵 발전도 한번 사고가 나면 엄청난 피해를 입혀요. 그렇다면 에너지는 어떻게 얻어야 할까요?

주변 자연을 활용하는 재생에너지를 쓰면 환경을 보호할 수 있어요. 태양광으로 전기를 만들 수 있는 태양 에너지, 바다에서 밀물과 썰물의 차이를 이용해 얻는 해양 에너지, 바람을 이용하는 풍력 에너지, 땅속에 있는 열을 이용하는 지열 에너지, 음식물 쓰레기나 가축의 분뇨로 만드는 바이오매스 에너지 등이 있지요.

풍력 발전기가 돌아가는 모습
ⓒ 김한센, 위키피디아

독일의 친환경 도시 프라이부르크 보봉 마을은 집집마다 태양광 집광판을 설치해 전기를 얻고 나무 같은 식물을 이용해 온도를 조절해요. 전기료를 아끼는 것은 물론 남는 전기를 되팔아 경제 효과를 거두기도 했어요.

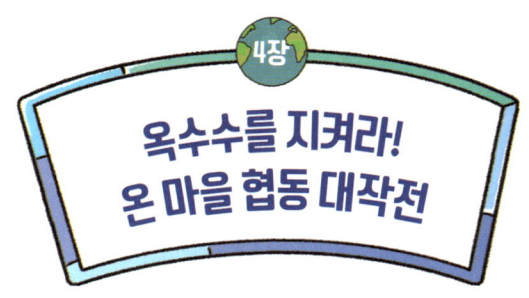

4장
옥수수를 지켜라! 온 마을 협동 대작전

뽕구는 급한지 큐브에 뭔가 입력하느라 바빴다.

'대체 어딜 가려고 하는 걸까?'

재현이가 생각할 겨를도 없이 큐브는 공중에 뜬 채 순식간에 어디론가 향했다. 한참을 달린 뒤에야 큐브가 멈춰 섰다.

"이번 여행은 꽤 시간이 걸린 것 같아. 여긴 어디야? 설마 또 방사능에 오염된 곳은 아니겠지?"

큐브에서 내리려던 재현이가 멈칫하며 말했다.

"응. 다행히 방사능에 오염된 지역은 아니야. 하지만 이곳도 문제가 심각해."

큐브 밖으로 보이는 곳은 겉으로 보기에 평화로웠다. 모양이 좀 특이한 나무와 풀들이 곳곳에서 자라고, 멀리 산이 있었다. 상당히 넓은 들판이었다.

"여긴 케냐야."

"아프리카에 있는 나라?"

재현이는 여기에 또 무슨 일이 있을지 궁금했다. 그때 꼬르륵 소리가 났다. 배가 요동치면서 신호를 보내고 있었다. 그도 그럴 게 벌써 얼마나 많은 곳을 다녀왔는지 모른다. 그 사이 밥은커녕 간식도 먹지 못했다. 원래 운동 끝나면 햄버거집에 가려고 했는데.

"일단 알겠어. 그런데 우리 뭐 좀 먹어야 하지 않을까? 지구 먹을거리 문제가 심각한 건 알겠는데, 내 배 속도 지금 난리가 났어."

"아. 그런데 보다시피 여긴 지금 아무것도 없어."

뽕구는 휑한 들판을 가리키며 말했다. 재현이는 안 그래도 괜히 물어봤나 싶었다.

"뭐, 알았어. 먹을거리는 내가 구할게. 내가 작년에 캠핑을 간 적 있거든. 그때 산에서 먹을 걸 구해서 우리 모둠 친구들한테 나눠 준 적이 있었어."

재현이는 큐브에서 내려 들판에 있는 나무 쪽으로 씩씩하게 걸어갔다. 한참 후 재현이는 무언가를 한아름 안고 뽕구에게 달려왔다.

"이것 봐. 내가 저 들판에서 찾았어."

빨갛고 작은 열매들을 내밀며 재현이가 말했다.

"이거 앵두 아닐까? 나 시골 할머니 집에서 앵두 딴 적이 있거든. 아무리 봐도 앵두인 것 같아. 와, 정말 맛있겠지."

어느새 재현이 입속에 침이 가득 고였다. 재현이는 말을 끝내자마자 열매 몇 개를 입 안에 털어 넣었다.

"어, 그건……."

뽕구가 말릴 새도 없었다.

"악, 퉤퉤퉤. 이거 뭐야. 너무 시고 쓰잖아."

"이건 커피 열매야."

"커피라고? 커피 열매는 까만색 아니었어? 그거, 뭐라고 하더라? 원두!"

"그래, 그건 말려서 가공한 거고. 이건 익어 가는 열매야."

재현이는 손에 남은 열매를 든 채 뽕구 말에 집중했다. 그런데 뽕구 뒤편으로 멀리 하늘에서 무엇인가 점점이 빼곡한 게 보였다.

"엇, 저거 뭐야? 까마귀 떼인가?"

재현이 말에 뽕구도 돌아서서 들판을 바라봤다.

"음. 아프리카에 까마귀가 많이 살긴 해. 하지만 저건……."

순식간에 까마귀처럼 보인 것들이 재현이와 뽕구를 덮쳤다.

"어서 몸을 엎드려!"

피할 새가 없었다. 녀석들은 너무 빠른 속도로 재현이와 뽕구에게 다가왔다. 수천 마리도 넘어 보였다.

"으악! 이게 뭐야? 버, 벌레야?"

"메뚜기 떼야. 이 녀석들이 여기까지 오네. 일단 잠자코 있다가 메뚜기 떼가 사라지면 움직이자."

한바탕 소동이 벌어진 뒤 메뚜기 떼가 사라졌다.

"우와. 정말 엄청나다. 아니, 저 많은 메뚜기 떼가 대체 어디서 날아온 거야?"

다행히 다친 데는 없었다. 뽕구는 여기에 먹을 게 없어서 메뚜기들이 금방 이동했을 거라고 했다. 재현이 손에 있던 커피 열매도 온데간데없이 사라졌다. 재현이는 커피 열매가 어디에 떨어진 건지 주변을 둘러봤다.

"저 메뚜기들이 다 먹었을 거야."

"뭐? 메뚜기들이 이걸 먹었다고?"

"메뚜기가 이동하는 건 먹을 걸 찾기 위해서야. 아마 저 산 넘어 들판에서 온 모양인데. 배가 고픈지 녀석들이 먹을 만한 풀과 열매를 찾아 여기저기 다니는 것 같아."

재현이는 집 근처 공원에서 자주 봤던 메뚜기를 떠올렸다. 그건 작고 초록색인 메뚜기였는데, 방금 본 것들은 누런색에 검은 무늬가 있는 데다 크기도 어른 손가락 하나보다 훨씬 컸다.

"방금 본 건 사막 메뚜기야. 네가 집 근처에서 보던 메뚜기와 다르지. 일단 녀석들이 있던 곳을 찾아가 보자."

재현이와 뽕구가 탄 큐브는 몇 초만에 산을 넘었다. 내려서 주위를 둘러보니 휑한 들판이 보였다. 그런데 어딘가 이상했다.

"어? 여기는 뭔가가 자라던 곳 같은데?"

"맞아. 딱 봐도 옥수수를 키우던 곳이지."

그야말로 쑥대밭이었다. 그 많은 작물들이 옥수수나무였다는 사실이 믿기지 않을 정도였다. 옥수수 열매가 없는 건 둘째 치고, 잎도 멀쩡한 게 없었다. 열매는 물론이고 잎과 줄기를 메뚜기가 모두 갉아먹은 흔적이 보였다.

"메뚜기들이 대체 어디서 어떻게 온 거야? 힘들게 농사 지은 작물을 이렇게 엉망으로 만들다니. 사람들은 어떻게 먹고 살아?"

케냐는 가뜩이나 배고픔에 허덕이는 나라였다. 수업 시간에 여러 나라의 기아 문제를 이야기할 때 빠지지 않고 나오던 아프리카 대륙의 나라였다. 농작물이 자라기도 힘든 땅에, 메뚜기가 대체 어디서 그렇게 많이 나타나는 건지 의문스러웠다.

"사람들이 일부러 메뚜기를 키우지는 않았을 텐데. 애꿎은 피해만 입네. 그렇지?"

뽕구는 홀로그램 화면을 띄우며 재현이에게 대답했다.

"아니. 그렇지 않아. 작물을 먹어 치우는 메뚜기 떼도 사람들이 만든 재앙이야."

화면에 지도가 나왔다. 아프리카와 아라비아반도가 보였다.

"자, 여기서 사이클론이 자주 일어나. 발생 지역에 따라 부르는 말이 다르지만 쉽게 말해서 태풍이야."

뽕구가 짚은 곳은 방금 본 대륙 옆에 있는 인도양이었다.

"태풍이 자주 일어나면 그 일대가 습해지겠지. 메뚜기가 번식하는 데 알맞은 환경이 되는 거야."

"아니, 잠깐만. 태풍이 일어나는 건 사람들이 어떻게 할 수 없는 거 아니야? 자연에서 일어나는 건데?"

재현이는 고개를 갸웃하며 물었다.

"물론 태풍은 지구의 자연 현상 중 하나야. 일정한 때가 오면 태풍이 이는 게 당연하지. 하지만 문제는 태풍이 너무 자주 일어난다는 거야."

"자주 일어난다니?"

"지구 온난화 알지? 너희 지구인들이 지구 기온을 높이고 있어. 지구 온난화로 지구가 점점 따뜻해졌고 바다의 수온까지 올라갔지. 그렇게 되니 바다에서 더 많은 태풍이 생겨나."

그러고 보니 수업 시간에 자주 발생하는 태풍과 엄청나게 쏟아지는 폭우 때문에 사람들이 피해를 본다고 한 게 기억났다. 지구 온난화가 태풍까지 일으킨다는 건 미처 생각지 못한 일이었다.

"아, 알겠어. 태풍이 자주 일어나서 홍수가 나고, 홍수 때문에 습지가 생겨난 거구나. 습지는 메뚜기가 잘 살 수 있는 환경이고."

"그렇지. 이제 메뚜기가 생겨난 이유를 알겠지?"

"응. 그런데 이 사막 메뚜기들은 어떻게 몸집이 저렇게 큰 거야? 그리고 원래 저렇게 잘 먹었어?"

큰 옥수수 농장을 쑥대밭으로 만든 메뚜기들의 먹성은 대단했다. 메뚜기 수천 마리가 밭을 훑고 지나가니 남은 게 없었다.

"가만 있자. 사막 메뚜기의 습성을 확인하는 게 좋겠어. 그래야 네 궁금증도 풀고 사막 메뚜기를 없애는 방법도 알 수 있으니까."

뽕구가 큐브로 화면을 띄웠다. 가뜩이나 큰 메뚜기를 더 크게 확대해서 보니 섬뜩했다.

"보통 메뚜기가 아니야. 여기 보면 사막 메뚜기는 자기 몸무게의 2배 이상을 먹어 치운다고 해. 그러니 밭에 있는 작물을 다 먹고도 배가 고파 다른 곳으로 이동하는 거야. 게다가 암컷 하나가 300개에 이르는 알을 낳는다고 하니 번식력이 엄청나지."

뽕구는 사막 메뚜기가 종류를 가리지 않고 모든 식물을 먹어 치운다고 했다.

"정말 무시무시한 것들이야. 이럴 시간이 없어. 일단 큐브에 올라 타. 사막 메뚜기가 가는 곳에 먼저 도착해야 해. 서둘러!"

"어, 알겠어. 그런데 너무 급하게 안 가도 되지 않을까? 메뚜기가 빨리 가 봤자 얼마나 빠르다고."

"아니야. 사막 메뚜기는 하루에 150킬로미터를 가. 심지어 바람을 타고 바다도 건넌다고 해. 아프리카 대륙을 넘어 서남아시아랑 인도를 거쳐 아시아에 간다는 보고도 있어."

아시아라면 우리나라가 있는 대륙인데. 바람을 타고 다른 대륙까지 이동한다니, 사막 메뚜기가 사람보다 작다고 무시할 게 아니었다.

큐브는 여느 때처럼 몇 초만에 이동했다. 도착한 마을에는 작은 집들이 모여 있었고, 주변에 옥수수밭과 밀밭 같은 게 보였다.

햇볕 아래 몇몇 아이들이 밭 주변에서 뛰어 놀고, 아주머니 몇 명이 수확한 농작물을 다듬고 있었다.

"이런 마을에 메뚜기 떼가 오면 여기 심어 놓은 농작물을 다 먹어 치우는 거 아니야?"

"그렇겠지. 마을 사람들의 식량을 모조리 먹어 치울 거야. 무슨 수를 써야 해."

"생각났어! 이 메뚜기들을 해치우는 방법 말이야."

재현이의 말에 뿡구는 기대에 찬 눈으로 바라봤다.

"살충제를 뿌리는 거야. 그러면 메뚜기가 다 죽지 않겠어?"

"으이구. 이미 몇몇 나라에서 메뚜기들을 없애려고 살충제를 뿌렸어. 이 메뚜기 떼 문제가 최근에 생긴 건 아니거든. 하지만 살충제는 완전한 해결책이 될 수 없다는 결론이 나왔지. 살충제를 뿌리면 당장 메뚜기들이 죽을 수도 있지만, 점점 내성이 강해져서 나중에는 더 독한 살충제를 써야 하거든. 게다가 독한 살충제는 돌고 돌아서 결국 지구인에게 영향을 미칠 거야."

"사람들한테 돌아온다고?"

"그래, 자연이라는 건 아주 정교해서 어느 한 부분이 망가지면 전체에 영향을 줘. 메뚜기 떼가 생긴 것만 봐도 그렇잖아. 지구인들이 무분별하게 쓴 에너지로 탄소가 늘어났고, 그 때문에 기후 변화가 온 거야. 그리고 지금처럼 메뚜기 떼가 생긴 거지."

재현이는 이해가 될 것 같으면서도 쉽게 와 닿지 않았다. 사람이 한 행동의 결과가 다시 사람에게 피해로 돌아온다는 말이 아직까지는 먼 이야기같이 느껴졌다.

"이럴 때가 아니야. 곧 메뚜기 떼가 들이닥칠 거야. 일단 급한 대로 마을 사람들에게 알려야겠어. 그리고 사람들 모두 다 같이 메뚜기를 쫓아야 할 것 같아."

재현이는 고개를 끄덕이고 얼른 마을로 뛰어 들어갔다.

'밭에 있는 곡식들이 순식간에 사라지면, 마을 사람들은 먹고 살 게 없어져.'

재현이는 우선 급한 대로 마을 공터에 앉아 있던 아주머니에게 곧 들이닥칠 메뚜기 떼를 쫓아야 한다고 말했다. 뽕구가 채워 준

 손목시계 때문인지 케냐어가 자연스럽게 나왔다. 사람들은 처음 보는 낯선 뽕구가 하는 말을 듣더니 곧 문제가 심각하다는 걸 깨달은 듯했다. 집집마다 어른, 아이 할 것 없이 사람들이 나왔고, 모두 옥수수밭으로 몰려들었다. 사람들 손에는 다양한 집기가 들려 있었다.

 해가 산 뒤쪽으로 넘어갈 무렵, 저 멀리 메뚜기 떼가 보였다. 잘 모르고 보면 꼭 새 무리가 노을을 등지고 날아오르는 것 같았다.

 그런 생각을 하는 동안 메뚜기 떼는 어느새 눈앞까지 다가왔다. 수천 마리쯤 되어 보였다. 마을 사람들은 얼른 들고 있던 물건을 두들겨 달그락달그락, 쨍그랑 하는 소리를 냈다. 사람들이 내는 왁자지껄한 소리에 귀가 따가울 정도였다.

시끄러운 소리 때문인지 옥수수밭에 내려앉은 메뚜기들이 잠시 갈팡질팡하는 듯했다. 몇몇 어른들은 잠자리채로 메뚜기를 잡았다. 하지만 그렇게 메뚜기들을 잡기엔 사람도 도구도 메뚜기 떼에 비해 너무 부족했다.

"곧 밤이 될 거야. 어서 잡아야 할 텐데. 이렇게 해선 도저히 될 것 같지 않아."

사방으로 날뛰는 메뚜기를 잡는 건 쉬운 일이 아니었다. 몰래 잡으려고 하면 도망가기 일쑤였다. 마을 사람들이 나선 덕분에 옥수수밭은 어느 정도 지킬 수 있었지만 며칠이고 밭을 지킬 수는 없었다.

"좋은 방법이 있어요!"

재현이가 힘껏 소리치자 마을 사람들이 일제히 재현이를 쳐다보았다.

"메뚜기는 밤부터 새벽까지 움직임이 둔해져요. 그때 다시 힘을 내서 잡으면 될 것 같아요!"

재현이는 아까 뽕구가 띄운 화면에서 본 내용이 생각났다. 활발하던 사막 메뚜기의 특성 중 하나가 온도가 많이 떨어지는 밤부터 새벽까지 움직임이 거의 없어진다는 정보였다. 재현이는 어느 순간부터 뽕구가 알려 주는 정보를 하나도 놓치지 않고 기억하려고 노력했다.

"오, 그거 좋은 생각인데!"

마을 사람들은 모두 재현이 말을 듣고 자정이 지나면 동트기 전까지 다시 메뚜기를 잡기로 했다. 저녁이 되었으니 조금만 지나면 어두워져 깜깜한 밤이 되고, 새벽이 될 것이다.

메뚜기를 쫓느라 지친 사람들은 잠시 쉬고 또 다른 사람들이 메뚜기를 쫓았다. 늦은 시간까지 잠도 자지 못하고 반복해서 메뚜기를 쫓다 보니 모두 지친 얼굴이었다.

"조금만 참으세요. 곧 자정이 돼요."

그렇게 말하면서 재현이는 연신 하품을 했다. 잠시 쉬라는 뽕구의 말에 재현이는 옥수수밭 근처에서 나무에 기대어 앉아 잠시 눈을 붙였다.

"이봐, 지구인. 어서 일어나. 메뚜기들 움직임이 둔해졌어. 지금 잡아야 해."

뽕구가 재현이를 흔들어 깨웠다. 눈을 떠 보니 하늘에 밝은 달이 떠 있었다.

재현이는 잠자던 마을 사람들을 깨워 메뚜기 가까이 다가갔다. 메뚜기들은 아까와 다르게 움직임이 없었다. 그래서 손쉽게 잡을 수 있었다.

하나둘 잠에서 깬 사람들은 미리 가지고 온 큰 자루에 메뚜기들을 쓸어 담았다.

메뚜기들이 별로 움직이지 않으니 메뚜기를 잡는 건 한결 수월했다. 하지만 메뚜기 수가 워낙 많아서 시간이 오래 걸렸다. 해가 뜨기 전에 모조리 잡아야 했다.

해가 뜰 무렵 옥수수밭에 내려앉은 메뚜기들을 보니 제법 많이 사라진 상황이었다. 마을 사람들 모두 나와 메뚜기를 잡으니 가능

한 일이었다. 밤새 메뚜기를 잡느라 모두 피곤한 얼굴이었지만 표정들은 밝았다.

"고맙네. 자네들 덕분에 메뚜기를 잡았어."

재현이 앞에 서 있던 할아버지였다. 할아버지는 자신이 마을 추장이라고 했다.

"제가 뭐 한 게 있나요? 마을 사람들이 함께한 건데요, 뭘."

재현이는 쑥스러워서 연신 머리를 긁적였다.

"그런데 잡아 놓은 메뚜기는 어떻게 해야 하나요? 너무 많아서 어디 버릴 데도 없고."

"그건 걱정하지 말렴. 얼마 정도는 마을에서 키우는 닭 모이로 주면 되고 나머지는 메뚜기를 비료로 쓰는 회사에 갖다 주면 돈으로 바꿔 준단다. 네 덕분에 오히려 돈을 벌 수 있게 되었구나."

할아버지는 연신 고맙다며 미소를 지었다. 물론 메뚜기 떼가 없던 때가 더 좋았다고 했다. 아무리 메뚜기를 잡아다 돈을 준다고 해도 1년 치 식량과 비교할 수 없다고도 말했다.

재현이와 뽕구는 마을 사람들이 챙겨 준 음식을 먹고 인사를 나눴다. 헤어지기 아쉬웠지만 큐브에 올라탔다.

"문제가 해결돼서 다행이야."

"지금 눈앞에 닥친 문제는 해결됐지만 메뚜기 떼가 또 올 거야. 갈수록 태풍이 더 자주 일어날 거고, 홍수로 습지가 더 생겨날 테니까."

뽕구 말이 맞았다. 모든 문제가 해결된 건 아니었다.

"그런데 정말 이상해. 이곳 마을 사람들은 자동차를 타거나 컴퓨터를 쓰지 않으니 탄소 배출을 하지 않는데, 왜 지구 온난화로 생기는 피해를 보는 거야? 탄소 배출을 많이 하는 건 정작 다른 나라 잖아."

"맞아. 농사를 짓고 사는 케냐 같은 나라들은 탄소 배출을 많이 하지 않아. 탄소 배출은 산업이 발달한 나라에서 주로 하지. 그런 나라들이 지구 온난화를 더욱 빨리 진행시키고 말이야."

"우와. 그럼 너무 불공정한 거 아니야?"

"그래, 맞아. 그걸 기후 불평등이라고 해. 이미 부자인 사람들이 에너지를 많이 쓰는 바람에 기후 위기가 닥친 거야. 그 피해는 고스란히 가난한 사람들에게 가고."

재현이는 자신도 별생각 없이 마음대로 쓴 에너지가 없는지 생각해 봤다. 그러고 보니 난방을 틀어 놓은 채 더워서 창문을 열어 놓은 기억이 났다. 물을 마구 썼던 것도 기억났다.

"내가 아무 생각 없이 쓴 에너지가 지구 반대편에 사는 사람들에게 큰 위험을 안겼구나."

"그걸 깨닫다니 다행이다. 지금은 가난한 사람들에게 피해가 많이 가지만 기후 위기는 서서히 지구인 모두에게 영향을 미칠 거야. 그 조짐이 지구 곳곳에서 보여."

뽕구는 큐브를 조정했다. 어디론가 급히 가자고 했다. 아프리카 초원이 재현이 눈에서 점점 멀어졌다.

무시무시한 사막 메뚜기는 어디에서 생겨요?

사막 메뚜기는 일반 메뚜기와 어떻게 다른가요?

사막 메뚜기는 초록색을 띠는 일반 메뚜기와 달리 몸집이 크고 색도 검은 빛을 띠어요. 몸 길이는 약 6센티미터예요. 또 먹성이 좋아 자기 몸무게의 약 2배 이상 되는 먹이를 먹어요. 암컷은 알을 300개 이상 낳을 정도로 번식력이 강해요. 일반 메뚜기는 혼자 있을 때 움직임이 많지 않고 먹성이 크지 않은 데 비해, 사막 메뚜기는 무리 지어 장거리를 움직이고, 개체수가 늘어 날수록 번식력과 식욕이 세져요.

사막 메뚜기는 하루에 150킬로미터를 날아가는데 심지어 바람을 타고 바다를 건너기도 해요. 동아프리카에서 생겨난 사막 메뚜기들이 서아프리카는 물론이고 서남아시아를 거쳐 인도를 지나 아시아 대륙까지 건너요.

몸 길이 약 6센티미터!

사막 메뚜기 떼는 어마어마한 피해를 입혀요

사막 메뚜기의 먹성은 엄청나요. 사막 메뚜기 수천 마리가 떼를 지어 이동하다 보니 메뚜기가 지나간 곳은 폐허가 될 지경이에요. 메뚜기 떼가 하늘을 덮어 보이지 않을 정도이고, 심지어 비행기가 날아가는 걸 방해하기도 해요. 이런 메뚜기들은 주로 농작물에 엄청난 피해를 입히는데 $1m^2$ 면적의 메뚜기 떼는 하루 동안 약 3만 5천여 명이 먹을 양을 먹어 치워요.

사막 메뚜기는 주로 에티오피아, 소말리아, 케냐 같은 동아프리카 지역에 피해를 줘요. 2019년 에티오피아는 20만 헥타르 농경지에 있던 35만 6천 톤에 이르는 농작물을 잃었고, 2020년 소말리아는 사막 메뚜기로 입은 피해 때문에 국가비상사태를 선포했어요. 이들 나라는 이미 식량 부족 국가로, 도움이 필요한 나라들이어서 메뚜기 떼의 피해를 크게 보고 있지요.

사막 메뚜기가 지구 온난화와 관련 있다고요?

사막 메뚜기는 기후 변화로 지구가 따뜻해지면서 생겨나요. 지구 온난화로 기온이 상승하는 만큼 비가 오면 사막 메뚜기가 살기 좋은 환경이 만들어지거든요.

그 과정을 자세히 알아볼까요? 지구의 기온이 올라가면 아라비아반도 근처의 인도양도 기온이 올라가지요. 인도양이 따뜻해지면서 열대성 저기압인 사이클론이 생겨나 아라비아반도로 이동해요. 사이클론이 폭우를 내리면 사막 곳곳에 호수가 생기지요. 사막 호수는 더운 데다가 습기까

2018년, 사이클론이 지나간 후 아라비아반도 모래 사막에 호수가 생긴 모습 ⓒNASA

지 있으니 사막 메뚜기가 자라기 좋은 환경이랍니다. 여기에서 자란 사막 메뚜기들은 사이클론 때문에 생긴 강한 바람을 타고 동아프리카로 날아가요.

인도양 서쪽은 열대 해양 중에서 가장 빠른 속도로 온난화를 겪는 지역이에요. 수온이 높아지는 바람에 사이클론이 더 자주 일어나면서 사막 메뚜기가 더 많이 생겨나요.

추운 러시아를 습격한 사막 메뚜기 떼

겨울이 길고, 여름은 짧고 서늘한 러시아는 최근에 이상 고온 현상으로 평균 기온이 2배 이상 높아졌어요. 기후가 변한 거지요. 이렇게 따뜻해진 기후 때문에 러시아 남부 지역은 평소 농사 짓던 작물이 아닌 따뜻한 지역에서만 자라는 곡식들을 심었어요. 그런데 따뜻해진 기온과 습한 환경 탓에 늘어난 사막 메뚜기 떼가 곡식을 먹어 치우는 바람에 비상 사태를 선포하기도 했어요.

살충제로 사막 메뚜기를 없앤다고요?

아프리카를 비롯해 사막 메뚜기로 피해를 입는 나라들은 메뚜기를 없애기 위해 다양한 방법을 활용해요. 보통 살충제를 뿌려서 사막 메뚜기를 잡는데, 살충제는 사용할수록 내성이 생기는 데다 독성이 강해서 죽은 사막 메뚜기나 해당 지역의 곡식을 가축 사료로 쓸 수가 없어 또 다른 환경 파괴를 일으킵니다. 따라서 사막 메뚜기가 생겨나는 근본 원인인 지구 온난화를 해결하기 위해 세계가 함께 노력을 기울여야 해요.

●●● 한 걸음 더!

기후 변화와 지구 온난화가 뭐예요?

눈이나 비가 오는 대기에서 매일 일어나는 현상을 '날씨'라고 해요. 오랜 시간 동안 주로 나타나는 날씨의 평균 상태가 '기후'랍니다. 보통 기후는 일정해요.

하지만 최근 지구의 기후가 급격히 변하고 있어요. 지구 온난화로 기온이 높아지고 공기의 흐름이 바뀌어 폭우나 폭설, 가뭄 등이 생겨요. 그로 인해 메마른 땅에 산불이 나거나 홍수가 일고 북극은 빙하가 녹아 동식물에 피해를 주기도 해요.

지구 온난화는 어떻게 일어날까요? 지구 대기를 이루는 성분 중에 이산화탄소는 빛을 받아들이고 밖으로 내보내지 않아요. 원래 0.04%밖에 되지 않지만, 너무 많아지면 햇빛이 대기권 밖으로 나가지 못해 지구의 온도를 높이는데 이를 '온실 효과'라고 해요. 이산화탄소는 자동차나 공장 등에서 석탄, 석유 같은 화석연료를 쓸 때 많이 나와요.

녹고 있는 아이슬란드 빙하

실천! 지구 온난화를 막는 에너지 절약 방법은?

1 가까운 거리는 자전거나 대중교통을 이용해요.
2 전자제품 사용 시간을 줄이고, 사용하지 않을 때 플러그를 빼 둬요.
3 빨래는 모아서 한꺼번에 해요.
4 여름철(27도)과 겨울철(20도) 실내 온도를 유지해요.

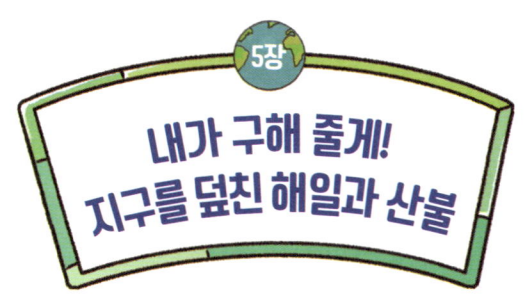

5장
내가 구해 줄게! 지구를 덮친 해일과 산불

"또 어떤 조짐이 보인다는 거야?"

재현이는 메뚜기 떼처럼 가난한 사람들이 받는 피해를 떠올리며, 불공정하다 싶은 생각에 마음이 답답했다. 에너지를 마구 쓴 사람들보다 에너지를 쓰지 않은 사람들이 큰 피해를 입다니.

"지난 100여 년 동안 지구 평균 기온이 무려 1도나 올랐어. 그 때문에 지구에는 엄청난 일들이 생기고 있지."

"그런데 1도 정도 오른 게 그렇게 큰일 날 정도야? 하루에도 기온이 올랐다 내렸다 하잖아."

재현이는 고개를 갸우뚱하며 말했다.

"연간 평균 기온은 하루 기온과 다르지. 자, 생각해 봐. 지난 1만 년 동안 지구 평균 기온은 5도가 올랐어. 2000년마다 약 1도씩 오르는 거지. 그런데 최근 130년 만에 무려 1도가 올랐다고."

"아니, 대체 왜 그렇게 짧은 시간에 기온이 오른 거야?"

재현이는 심각한 얼굴로 뽕구에게 물었다.

"지구인들은 18세기에 일어난 산업 혁명 이후 석탄, 석유 같은 화석 연료를 많이 사용했어. 화석 연료는 온실 효과를 내는 이산화탄소를 많이 발생시켜. 그래서 최근 지구 평균 기온이 산업 혁명 전보다 무려 2배 가까이 높아졌어."

그렇게 기온이 오르면 지구에는 어떤 일들이 일어날지 궁금하면서도 조금 무서웠다. 뽕구가 먼저 말을 이었다.

"설명하면 길어지니까 일단 큐브에 타. 가 봐야 할 곳이 있어."

재현이와 뽕구가 탄 큐브는 순식간에 하늘을 날았다. 맑았던 하늘에는 온통 구름이 가득했고 곧이어 큐브가 심하게 흔들렸다. 강한 바람과 함께 비가 내렸다.

"윽. 여긴 어디야. 비바람이 너무 심하게 부는데."

큐브가 흔들리는 바람에 그 안에 탄 재현이도 몸을 가누지 못했다. 그런데 그게 문제가 아니었다. 세상이 온통 물바다였다. 비가 너무 많이 와서 집들이 반쯤 잠겨 있었다. 강한 바람까지 불어 나무들이 부러질 듯했다. 재현이는 마을이 걱정스러워서 얼굴을 찌푸렸다.

"걱정 마. 우리가 탄 큐브는 안전해. 웬만한 비바람이나 외부 충격에 끄떡없어."

"아니, 저 사람들은 괜찮을까?"

몇몇 사람들이 물에 떠내려가지 않으려 스티로폼 같은 걸 붙잡고 있었다.

"자기보다 남을 더 걱정하는구나. 그래, 좋은 지구인도 많았지."

뽕구는 재현이를 보며 혼잣말을 했다. 재현이는 마을에 온통 신경을 빼앗긴 채 밖을 보다가, 무언가를 발견했다.

"어, 저기 사람이 있어!"

널빤지를 붙잡고 물에 떠내려오는 사람이 보였다. 놀랍게도 어깨 위에는 닭이 한 마리 있었다.

"저 사람을 구해 주자. 응?"

뽕구는 큐브를 조정해 나무에 매달린 사람 곁으로 갔다. 가까이 다가가 보니 재현이 또래로 보이는 아이였다.

"자, 어서 내 손을 잡아!"

재현이는 크게 외치면서 손을 내밀었다. 아이는 갑자기 나타난 재현이와 뽕구 모습에 놀란 것 같았지만 상황이 긴박했다. 아이는 재현이 손을 잡고 간신히 큐브에 올라탔다. 아이의 어깨 위에 있던 닭도 무사했다.

"휴, 살았다. 그런데 너희는 누구야?"

재현이는 당황했다. 아이에게 외계인인 뽕구를 누구라고 소개할지, 함께 탄 큐브를 뭐라고 해야 할지 미처 생각하지 못했다.

"대충 둘러대. 어차피 저 아이가 안전하게 큐브에서 내리면 이 부분만 기억에서 지울 테니까."

뽕구는 재현이에게만 들리게 작은 목소리로 말했다. 재현이도 고개를 끄덕였다.

"하하. 반가워. 그런데 지금 그런 게 중요한 게 아니잖아. 어쨌든 너무 위험했어. 이곳은 대체 왜 이렇게 홍수가 쏟아지는 거야?"

재현이 입에서 나온 말은 인도네시아어였다. 시계 덕분에 언어를 바꿔가며 말할 수 있었다. 아무리 생각해도 신기한 기능이었다.

"응, 맞아. 구해줘서 정말 고마워. 더군다나 우리집에서 키우는 닭까지 구해 줘서."

"가족들은 무사해?"

"응. 다행히 우리집은 언덕 위에 있어. 가족들은 다 집에 있고. 나만 밖에 나왔다가 갑자기 불어난 물 때문에 집에 가지 못한 거야. 나 우리집 근처에 내려 줄 수 있어?"

"그럼. 바로 데려다 줄게."

뽕구는 바로 홀로그램 화면에 지도를 띄우고 아이에게 물어보면서 아이가 사는 집의 위치를 찍었다. 가족들이 무사하다는 말에 재현이는 다행이란 생각이 들었다. 하지만 반쯤 잠긴 집들이 걱정되었다.

"그런데 여긴 원래 이렇게 비가 많이 오는 거야?"

"아니. 그렇지 않았어. 가끔 태풍이 오긴 했지만 지금처럼 세게 오거나 폭우가 쏟아진 적은 없어."

재현이는 금방 도착한 아이 집 옥상에 아이를 내려 주었다. 다시 큐브에 탄 재현이는 손을 흔들며 인사했다. 어서 비가 그치고 마을이 다시 원래대로 돌아오길 바랐다.

"이 동네는 정말 살기 힘들구나. 태풍이랑 폭우가 자주 와서 말이야."

"인도네시아뿐만 아니야. 잘 생각해 봐. 너희 대한민국도 최근 들어 태풍이 자주 오지 않았어?"

그러고 보니 여름에 태풍이 너무 자주 온다는 생각이 들었다. 어떤 곳은 물난리가 나서 도시가 물에 잠겼다는 뉴스를 본 적도 있었다.

"응. 그랬던 것 같아. 그런데 깊게 생각을 못해 봤어."

"아무래도 잘사는 나라는 기후 변화로 인해 생긴 문제를 덜 느낄 거야. 왜냐하면 문제가 생겨도 그걸 해결할 자본이 있고 기술이 되니까. 그런데 문제는 주로 농사 같은 1차 산업을 위주로 하는 나라야. 아무래도 경제적으로 어려운 나라들이겠지. 이 나라들은 기후 변화 때문에 당장 먹을거리가 없어서, 전쟁을 하거나 아예 나라를 떠나야 하기도 해. 이걸 기후 난민이라고 하지."

"기후 난민?"

뽕구는 말이 끝나기 무섭게 화면에 사진 한 장을 띄웠다. 사진을 보자마자 재현이는 헉 하고 소리를 질렀다. 해변가에 어떤 어린 아이가 죽은 듯이 누워 있는 사진이었다.

"이거 나 본 적 있는 것 같아. 너무 슬픈 사진이잖아."

"불편해도 지구인들은 현실을 알아야 해. 그래, 아마 너도 이 사진을 봤을 거야. 몇 년 전 한참 이 사진이 인터넷에 돌아다녔으니까."

재현이는 한참 동안 사진을 보고 입을 열었다.

"그런데 이 사진하고 기후 변화가 무슨 상관이야? 전쟁이 나서 사는 곳을 떠난 게 아니야?"

"음. 이 쿠르디라는 아이는 시리아에서 난민들이 타는 배를 타고 오다가 배가 뒤집히는 바람에 바다에서 목숨을 잃은 거야."

"저런, 가족들은 어쩌고."

"안타깝지만 가족들도 세상을 떠났지. 사람들의 목적지는 그리스였어. 그런데 이 사람들이 왜 난민선을 타게 됐는지, 그 이유가 중요해."

긴 이야기를 하려는 듯, 뽕구가 잠시 말을 멈추었다가 이었다.

"이 사람들이 살던 시리아는 오랜 기간 내전을 겪었어. 내전이 일어난 원인은 기후 변화, 지구 온난화와 관련이 있어. 지구 기온이 올라가면서 시리아를 비롯한 서아시아에 심각한 가뭄이 닥쳤거든. 평소 농사를 잘 짓던 곳에 가뭄이 드니 당연히 농사 지을 수도 없었겠지. 그러자 먹고 살기 위해 사람들이 죄다 도시로 몰렸어. 종교도 정치도 서로 다른 사람들이 몰리니 갈등이 생기고 전쟁이 벌어진 거지. 2011년에 생긴 내전으로 난민이 수백 명이나 생겼어."

"아, 그래서 사람들이 다른 나라로 가려고 했던 거구나."

재현이는 뿡구 말에 한숨을 쉬었다.

"맞아. 좀 더 평화롭고, 잘 살 수 있는 곳으로 가려고 했던 거지. 그 과정에서 어린이를 포함한 수많은 난민이 세상을 떠나게 된 거야."

"지구 온난화 때문에 내전이 생기다니. 정말 여러 사람들이 고통받는구나."

"진짜 고통받는 사람들은 또 있어."

"누구? 이것 말고 또 어떤 피해가 있는 거야?"

"지구가 점점 더워지니 지구에 있는 빙하가 녹고 바닷물 수위가 높아지고 있어. 그래서 많은 육지와 섬들이 점점 바닷물에 잠겨. 그중에서도 가장 피해를 많이 보는 곳은 바로 섬나라야."

뽕구가 설명하면서 홀로그램 화면을 띄웠다. 화면에는 눈부신 바다와 초록 섬이 보였다.

"어? 들어 본 적 있어. 섬이 잠기고 있다는 얘기 말이야."

재현이는 언젠가 학교 수업 시간에 들은 기억이 떠올랐다. 섬이 물에 잠겨 살던 곳을 떠나는 사람들의 이야기였다.

뽕구와 얘기하는 도중에 큐브는 어느덧 태평양 한가운데 도착

했다. 뽕구는 이 섬이 투발루라고 했다. 길게 뻗은 섬 주변으로 파도가 잔잔하게 일었다. 바다로 쏟아진 햇살들이 눈부셨다. 그런데 잠시 뒤 맑던 하늘에 먹구름이 잔뜩 끼었다. 바람이 불고 파도가 높이 쳤다. 섬 안에 있는 나무들이 거센 바람에 세차게 흔들렸다.

"어? 파도가 섬보다 더 높게 치잖아. 저러다가 바닷물이 섬에 있는 집들을 덮치겠어!"

재현이는 불안해서 어쩔 줄 몰랐다. 섬에서 가장 높은 곳이라고 해도 높이가 얼마 안 되어 보였다.

"맞아. 거센 파도가 갑자기 섬을 덮치기도 해. 투발루에서 가장 높은 곳이 고작 4미터도 안 되니까."

지구 온난화가 이 아름다운 섬나라에까지 영향을 준다니 재현이는 마음이 무거워졌다. 당장 해 줄 수 있는 게 없어 보였다. 투발루 사람들은 어떤 잘못으로 살던 곳을 잃어야 하는 건지 화가 났다.

"자, 시간이 없어. 일단 이곳을 떠나자."

재현이와 뽕구가 탄 큐브가 하늘 높이 날았다.

"아까도 얘기했지만 기후 변화를 일으킨 주범은 그동안 온실 가스를 맘껏 내뿜은 선진국들이야. 그런데 피해는 이런 가난한 나라 사람들이 입는 거지."

"정말 불공평해."

"사람은 누구나 평등하듯 환경과 기후에도 공정해야 해. 하지만 안타깝게도 지금 지구는 기후에서 정의가 지켜지고 있지 않아."

뽕구는 그러면서 지구인에게 필요한 건 '기후 정의'라고 했다.

"자, 이번에는 뜨거운 곳으로 갈 거야. 일단 꽉 잡아."

뜨거운 곳이라면 혹시 사막을 가겠다는 걸까. 재현이는 뽕구의 말을 듣고 손잡이를 꽉 잡았다. 뽕구와 재현이가 탄 큐브는 순식간에 목적지에 도착했다. 그런데 도착하자마자 눈에 들어온 건 놀랍게도 불길이었다.

"으악! 불이야! 불이 났어!"

큐브에서 내려다보니 사방이 불이었다. 불길의 끝이 보이지 않을 정도로 나무가 활활 타서 세상이 온통 새빨갛게 보였다.

"여기 왜 불이 난 거야? 사람들은 괜찮을까?"

뽕구가 홀로그램 화면을 보며 말했다.

"여긴 호주야. 이 불이 지금 몇 달째 계속되고 있어."

불이 몇 달이나 계속되다니, 재현이는 사람들과 동물들이 괜찮을지 걱정스러웠다. 그때 뭔가가 눈에 띄었다.

"어! 저기, 저 불길 안에 뭔가가 있어. 가만, 저건 코알라 같은데?"

코알라가 나무 위에서 꼼짝하지 못했다. 사방이 불길이니 갈 곳이 없는 것 같았다.

"잠시만, 나 좀 내려줘. 저 코알라를 구해야겠어."

"안 돼. 너무 위험해. 너까지 위험할 수 있다고."

뽕구는 단호하게 말했다. 하지만 재현이는 뽕구의 말에 아랑곳하지 않고 큐브를 조정했다. 이전에 뽕구가 착륙할 때 누른 버튼이 뭔지 기억해 알고 있었다.

큐브는 그나마 불길이 없는 곳에 착륙했다. 뽕구도 재현이를 더

말리지 못했다. 대신 재현이에게 망토를 입혀 주고 물병을 하나 건넸다. 망토가 불길에서 몸을 지켜 줄 거라고 했다.
 밖으로 나가니 연기 때문에 제대로 숨을 쉬기가 어려웠다. 재현이는 망토로 입과 코까지 가렸다. 그러자 신기하게도 숨쉬기가 한결 편했다.
 뽕구를 태운 큐브는 불길 때문인지 즉시 그 자리를 떠났다. '다시 이곳에서 만나야 하는데.'라는 생각도 잠시, 뜨거운 불길에 주변에서 나무가 쓰러졌다. 얼른 코알라를 찾아야 했다.
 "코알라야!"
 몇 번을 두리번거린 끝에 나무에 있는 코알라를 찾았다. 뽕구가 준 망토 덕분에 뜨거운 불길을 피해 코알라가 있는 높이까지 올라갔다. 코알라는 도망갈 생각도 하지 못했다.
 재현이는 이 숲에 무슨 일이 일어나는지 알 수 없었다. 어서 코알라를 안고 불길을 빠져나가야 했다. 재현이는 기운 없이 축 처진 코알라를 안았다. 얼른 품에서 물병을 꺼내 코알라에게 물을 먹였다.

다행히 코알라는 물을 잘 받아먹었다. 그러고는 재현이 품에서 벗어나 움직였다. 걱정한 만큼 아파 보이지 않아 다행이었다. 그런데 문제는 이곳을 빠져나가는 방법이었다. 큐브는 이미 흔적이 보이지 않았고 불길이 치솟는 탓에 당장 이곳을 벗어나야 했다.

"어디로 가야 하는 거지? 일단 불길이 없는 곳으로 가야 할 것 같은데……."

주변을 이리저리 살펴보았지만 사방이 똑같아 보였다. 그런데 코알라가 꼬물거리며 재현이 앞에 내려섰다. 꼭 자신을 따라 오라고 하는 것 같았다. 재현이는 다른 방법이 없었다. 급한 대로 코알라를 따랐다. 숲에는 온통 불에 탄 나무들이 가득했다. 한때 풍성한 초록 잎을 자랑하던 나무였을 것이다.

지금은 숲속 땅이 온통 검은 재로 덮여 있었다. 오랜 시간 걸려 자랐을 나무들이 한순간에 잿더미로 변하다니. 생각할수록 마음이 무거웠다.

어느덧 코알라가 자리에 멈춰 섰다. 불길은 보이지 않았고 바로 옆에는 호수도 보였다. 물을 보니 반가운 마음이 들었다. 망토를 써서 뜨거운 불길은 피했다고 했지만 그래도 불길에 몸이 지칠 대로 지쳐 있었다. 재현이는 호수에 손을 담그고 세수를 했다. 시원한 물에 닿으니 살 것 같았다.

"고마워. 네가 나를 살렸구나."

코알라는 재현이의 마음을 아는지 모르는지 잠시 같은 자리를 맴돌다가 불길이 없는 곳으로 사라졌다. 재현이는 코알라를 향해 힘껏 손을 흔들었다. 코알라가 숲에서 건강히 자라기를 바라고 또 바랐다.

잠시 뒤, 시계에서 알림음이 요란하게 울렸다. 시계에 큐브로 보이는 표시가 깜박거리며 나타나더니 곧 근처에 뽕구가 탄 큐브가 보였다.

"지구인! 어서 타. 여길 벗어나야겠어."

불길이 없다고는 했지만 매캐한 냄새가 계속 났다. 뽕구의 큐브에 타니 한결 살 것 같았다. 산불이 난 곳을 한참 지나서야 한적한 들판에 도착했다.

"그런데 대체 이곳에 무슨 일이 생긴 거야? 산불이 왜 저렇게 크게 난 거야?"

한숨을 돌린 재현이는 질문을 쏟아냈다.

"사실 이 산불은 아주 작은 불에서 시작됐어. 금방 끌 수 있었지만 산불이 커지면서 너희 나라 크기만 한 땅이 모두 타 버렸지. 산불이 이렇게 커진 건 바로 지구 온난화 때문이야."

"지구 온난화? 그렇다면 불이 저절로 난 거야?"

"음. 원래 처음 호주에 산불이 난 지역은 건조한 지대라 자연히 불이 나는 곳이야. 그렇게 난 불은 또 자연스럽게 꺼지기도 하고.

그런데 최근 지구 온난화 때문에 가뭄이 심하게 든 거야. 기온이 점점 높아지니 불이 더 거세진 거지. 그 바람에 사람들이 사는 곳은 물론 동물들이 사는 숲까지 모두 타 버렸어."

재현이는 코알라가 아까 물을 벌컥벌컥 마시던 모습이 떠올랐다. 코알라는 원래 먹이인 유칼립투스 나무에 물이 많아서 따로 물을 안 먹는 동물이라고 들었는데, 얼마나 목이 말랐으면 그랬을지 짐작이 되었다.

"산불로 코알라가 사는 나무들이 다 타 버렸어. 코알라뿐이겠어? 호주에 사는 캥거루는 물론이고 다른 동물들까지 많이 죽었어. 살았다고 해도 살 곳을 잃어버렸지."

숲이 다시 원래 모습으로 가기 위해선 얼마나 많은 시간이 필요할지 몰랐다. 사람들이 일으킨 환경 파괴로 애꿎은 동물들이 피해를 보는 게 분명했다.

아까 뽕구가 말한 기후 정의가 다시 생각났다.

"숲이 다시 원래대로 돌아오는 것도 중요하지만, 진짜 큰 문제는 산불이 또다시 지구 온난화를 부추긴다는 거야."

"그게 무슨 말이야?"

"잘 생각해 봐. 산불이 나면 기온이 더 올라가지? 연기가 치솟으면서 이산화탄소가 나오니까."

재현이는 머리가 복잡해졌다.

"산불이 이렇게 위험할지 몰랐어. 아까운 나무들을 다 태우고 지구를 더 뜨겁게 만들다니 말이야."

"지구인이 한심한 이유는 따로 있어. 불을 일부러 내니 말이지."

"뭐? 불을 일부러 낸다고? 설마 그럴 리가."

"지구인들은 스스로 생태계를 파괴해. 가 보자."

지구에 닥친 기후 변화를 멈추려면?

지구 온난화로 해수면이 높아져요

지구 온난화로 지구의 기온이 올라가면 바닷물의 온도도 높아져요. 바닷물의 온도가 높아지면 부피가 팽창해 바닷물이 더 많아지죠. 게다가 세계 곳곳에 있는 얼음도 녹아요. 남극과 북극의 빙하, 육지에 있던 얼음뿐 아니라 높은 산에 있던 눈과 얼음도 녹는 거죠. 이렇게 녹은 얼음은 바닷물로 흘러가 바닷물의 높이를 점점 높입니다.

투발루를 비롯해 물에 잠기는 나라들

남태평양에는 아름답고 작은 나라 '투발루'가 있어요. 9개 산호섬으로 이루어져 있는데, 투발루에서 가장 높은 곳은 약 3~4 미터밖에 되지 않아요. 원래는 태풍이나 해일 피해가 크지 않은 평화로운 섬나라였어요. 하지만 최근 지구 온난화로 바닷물 수위가 높아지면서, 투발루가 점점 바닷물에 잠기고 있어요. 게다가 바닷물이 땅속에 스며들어 마실 물조차 없어지고 있어요. 게다가 2050년이면 투발루의 땅 대부분이 바닷물에 잠길 것이라고 해요. 남태평양에 있는 키리바시나 인도양에 있는 몰디브 같은 섬나라들도 바닷물에 잠기고 있어요.

2009년, 물에 잠긴 투발루

세계에 일어나는 기상 이변 현상

전 세계에는 극심한 기상 이변 현상이 일어나고 있어요. 폭염, 가뭄, 홍수, 태풍, 폭설, 폭우, 산불, 사막화, 바다 산성화 등이 그 예랍니다. 인도와 캐나다를 비롯한 나라에는 50도에 이르는 폭염이 계속되어 많은 사람들이 열사병으로 죽거나 다쳤어요. 유목이나 농사를 짓던 아프리카 지역에는 사막화가 심각해 고향을 떠나는 사람들이 늘었고, 인도네시아와 러시아, 호주, 미국 등에는 극심한 가뭄으로 농사에 피해를 입어 식량 부족으로 사람들이 목숨을 잃기도 했어요.

기상 이변은 날이 갈수록 심각해져 2021년에는 폭우와 산불 피해가 더 엄청났어요. 중국의 허난성에 폭우가 아주 많이 내려 수십 명이 사망하거나 실종되었고, 농경지까지 물에 잠겨 농산물 가격이 오르기도 했지요.

2019년 9월에 호주에서 발생한 산불은 이듬해까지 계속되다가 2월에 겨우

불씨를 잡았어요. 약 6개월간 계속된 산불로 한반도 면적에 해당되는 곳이 타 버렸어요. 이때 찍은 위성 사진에 산불로 인한 붉은 연기 기둥이 보일 정도로 엄청난 산불이었어요.

이 산불로 코알라, 캥거루 등 호주에 사는 약 10억 마리 가까운 야생 동물이 죽었어요. 불길은 피했지만 살아남은 코알라들은 그나마도 서식지 80%를 잃어 멸종 위기에 처했어요.

2020년 1월, 위성에서 본 호주 산불 연기
ⓒ NASA

기후에도 정의가 필요하다고요?

환경이 오염되면 그 피해가 환경 오염을 일으킨 사람에게 가는 게 당연한 것처럼 보이지만, 현실에서는 그렇지 않아요. 환경 파괴를 하며 부를 쌓은 사람들에겐 혜택이 가고 오히려 피해는 가난한 나라 사람들 같은 사회적 약자에게 가지요. 실제로 투발루, 방글라데시 같은 섬나라와 저지대 국가를 비롯해 가난한 나라에 살던 사람들이 지구 온난화로 농사를 더 지을 수 없게 되거나 살던 곳이 물에 잠기는 바람에 기후 난민이 되어 고향을 떠나요. 선진국은 기후 변화로 생긴 피해를 최소화할 수 있는 부와 기술이 있지만 가난한 나라는 기후 변화에 대처할 방법이 없기 때문입니다.

기후 위기로 생긴 불평등을 인식하고, 기후 위기에서 모두가 평등하게 보호

받도록 기후 불평등을 바로 잡자는 데서 생겨난 개념이 '기후 정의'예요. 기후 변화를 단순히 자연에 맡기는 게 아니라 온실가스를 많이 배출한 나라가 책임을 지고 기후 변화로 피해 본 사람들이나 생태계를 위해 자금이나 기술을 제공해야 한다는 것이죠.

기후 정의, 지켜 줄 수 있지?

● ● ● **한 걸음 더!**

지구 온난화가 바이러스를 깨운다고요?

1998년 전염병을 일으키는 니파 바이러스가 말레이시아에서 처음 발견되었어요. 서식지에서 쫓겨난 박쥐가 돼지 사육 농장에 먹이를 찾으러 왔다가 바이러스를 전파한 거예요. 니파 바이러스는 결국 사람에게 전염이 되어 사망자 100여 명이 나왔어요. 그밖에 에이즈, 조류 인플루엔자, 메르스, 코로나19 등 많은 전염병이 야생 동물에게서 인간으로 옮겨가며 퍼졌지요.

이처럼 서식지가 파괴되면 야생 동물이 이동하면서 사람들과 접촉하게 돼요. 그러면서 평소 사람에게 쉽게 전파되지 않았던 전염병이 생겨나지요. 전염병의 원인인 바이러스는 변이를 쉽게 일으켜 예방이 어려워지기도 해요. 2019년 12월 중국에서 처음 발생한 코로나19 바이러스도 박쥐와 인간이 접촉하면서 생겨났어요.

이런 원인 외에도 바이러스는 지구 온난화 때문에 빙하가 녹으면서 나타날 수도 있어요. 빙하 속에는 수만 년 동안 잠들어 있던 바이러스가 있거든요. 과학자들은 지구 온난화로 빙하가 녹을 경우 바이러스가 깨어날 수 있다고 경고했어요. 빙하 위에 살던 야생 동물이 서식지를 잃어 이동하면서 바이러스가 퍼질 수도 있고요.

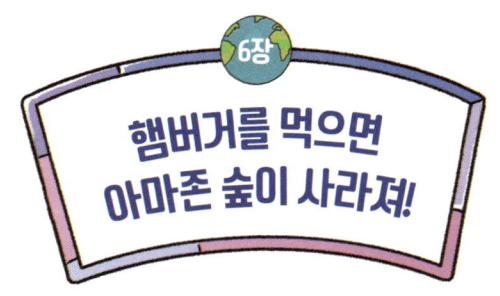

6장 햄버거를 먹으면 아마존 숲이 사라져!

"아야……."

"왜, 무슨 일이야?"

재현이가 작게 신음소리를 내자 뽕구가 재현이를 바라보았다. 재현이 오른쪽 팔에 상처가 나 있었다.

"이런, 아까 코알라 구할 때 화상 입은 것 같은데. 그냥 뒀다가는 덧나겠어. 치료해야 할 것 같아."

"괜찮아. 이 정도쯤이야. 우리 지금 빨리 가야 하잖아. 나중에 약 바르지 뭐."

재현이는 상처가 쓰라려 자기도 모르게 얼굴을 찌푸렸다. 보기에도 많이 아파 보였는지 뽕구가 재현이의 이마를 짚어 보았다.

"좀 뜨거운걸. 가는 길에 약을 구할 수 있어. 일단 출발하자."

약을 구한다니. 아무래도 약국에 간다는 말 같았다.

"약국이 있는 곳이면 햄버거 가게도 있겠지? 그럼 약국에 들르는 김에 근처에서 햄버거라도 사서 하나씩 먹자. 나, 너 만나고 먹은 거라고는 아까 케냐 갔을 때 먹은 게 다야. 배고프다."

말이 끝나기 무섭게 배에서 꼬르륵 소리가 났다.

"햄버거?"

뽕구가 눈을 동그랗게 뜨고 재현이를 바라봤다.

"응. 햄버거. 왜 뭐가 잘못됐어? 음, 감자튀김에 콜라도 시킬까?"

뽕구는 외계인이니 지구에서 쓰는 돈이 없을 거라 생각하고 슬며시 주머니를 뒤적였다. 햄버거 두 개 살 돈은 있었다.

"내가 이 얘기를 안 한 것 같은데, 지구인들이 먹는 것도 환경 오염을 일으켜. 특히 햄버거 같은 거 말이야."

햄버거와 환경 오염이 무슨 상관일까? 재현이네 반은 특히 음식을 남기지 않고 먹어서 학교에서 급식 우수반에 뽑힌 적도 있었다. 음식물을 많이 남기지 않아 칭찬을 해도 모자랄 판에 환경 오염이라니. 뽕구의 말을 들으니 억울했다.

"그래, 너 억울한 거 알아. 맛있는 것 먹겠다는데 무슨 환경 오염이냐 하겠지. 일단 우리가 가는 곳에서 다 설명할게. 약도 구해야 하니 어서 가자."

재현이와 뽕구가 탄 큐브는 순식간에 하늘을 날아 목적지에 도착했다. 약국에 간다더니 사방이 온통 나무들이었다. 숲 한가운데라고 했다. 하늘을 찌를 듯한 나무들이 끝도 보이지 않게 서 있었고 멀리서는 냇가가 있는지 물소리도 들렸다. 숲속이라 새소리며 들어보지 못한 동물들의 소리와 바람소리가 들렸다.

"아마존이야."

뽕구는 그러면서 홀로그램 화면을 띄워 이것저것을 살펴보았다. 텔레비전에서만 보던 아마존 숲에 오다니. 재현이는 큐브에서 내려 사방을 둘러봤다.

"그렇지. 이거다."

뽕구는 화면을 보며 중얼거렸다. 화면 속에는 이름 모를 나무가 보였다. 뽕구는 나무 하나를 골라 재현이를 데리고 나무 아래에 섰다. 그러고는 나무의 잎을 따 돌로 잘게 으깬 다음 즙을 내 재현이의 상처 난 팔에 갖다 댔다.

"뭐하는 거야?"

"따가워도 조금만 참아. 화상을 치료하는 식물이야."

그러고 보니 엄마가 어릴 적 밖에서 놀다가 다쳤을 때 할머니가 근처에 있던 풀로 치료해 줬다는 이야기를 들은 게 얼핏 기억났다.

재현이 팔에 나뭇잎을 으깬 즙을 발라 주는 뽕구의 표정이 꽤나 진지해 보였다. 그런 마음이 통한 건지 조금 지나자 팔에 난 상처가 조금 아물었다. 아까보다 아픈 것도 덜했다.

뽕구는 또 혼자 근처에 가더니 이름을 알 수 없는 풀을 꺾어 왔다. 살짝 열이 나던 재현이에게 씹어 보라며 잘게 잘라 주었다. 뽕구는 그 식물이 열을 내리는 효과가 있다고 했다.

"아, 그래서 여기가 약국인 거야? 완전 천연 약국이네."

비록 옆에 햄버거 가게가 있는 약국은 아니었지만, 숲에서 필요한 약도 구할 수 있다니 신기하기만 했다.

"숲은 가치를 매길 수 없어. 숲은 있는 것만으로 홍수나 산사태 같은 자연재해에서 사람과 동식물을 지켜 줘. 또 댐 역할을 해서 물을 저장하고, 무엇보다 이산화탄소를 흡수하고 산소를 만들어 지구 환경을 정화하는 아주 큰 역할을 해. 특히 아마존 같은 열대 우림은……."

"맞아! 그래서 나무가 많은 아마존 숲을 지구의 허파라고 했어."

재현이는 아는 것이 나오자 신이 났다. 지구의 허파라는 말은 그만큼 아마존 숲이 지구 환경에 중요하다는 얘기일 듯했다. 처음 뽕구가 지구의 환경 오염이 심각하다고 했는데, 그래도 아마존 숲에 와 보니 자연이 잘 지켜진 것 같아 안심이 되었다.

그런데 그때 멀리 무엇인가 부산하게 뛰어다녔다.

"어? 저기 동물이 많은가 봐."

아마존에 산다는 다양한 동물을 보니, 무척 신기했다. 저 동물들은 어디를 그렇게 급히 가는 걸까.

재현이와 뽕구는 큐브를 타고 다른 곳으로 이동했다. 숲 위로 올라오니 키가 큰 나무들이 큐브 창밖으로 보였다. 그런데 그리 멀지 않은 곳에서 연기가 피어올랐다.

"뭐야? 설마 이곳에도 불이 난거야?"

무섭게도 재현이와 뽕구가 있던 아마존 숲 근처 나무들이 불에 타며 연기를 내뿜었다.

"여기 무슨 일이 난 거야? 여기 아마존 숲이라고 하지 않았어? 그런데 이게 어떻게 된 거야?"

당황한 재현이가 질문을 쏟아냈다. 나무가 울창할 것 같았던 아마존 숲 사방에 길이 생겼고 곳곳에 불이 났다.

"그래. 여기 아마존 맞아. 그리고 네가 보던 대로 불이 난 것도 맞고. 그런데 여기는 거의 사람들이 일부러 저지른 불이야."

사람들이 불을 지르다니. 대체 왜일까. 아까 숲에서 나무를 얻는다고 했는데 일부러 나무를 태운다는 게 이해가 되지 않았다.

"왜 일부러 태우는지 여길 가면 알 거야."

재현이와 뽕구는 아까 있던 곳에서 그렇게 멀지 않은 곳에 도착했다.

"설마 여기가 다 숲이었던 거야?"

"응. 그래. 여긴 아마존 숲이었어. 숲이 농장으로 바뀐 거지."

한때 숲이었다고 했지만 지금 눈앞에 보이는 건 잘 다져진 땅과 농장, 나무를 베어 낸 자리가 대부분이었다.

"전 세계에서 해마다 숲이 엄청난 크기로 사라지고 있어. 이곳 아마존 같은 열대우림은 지구 전체 산소의 20%를 내뿜는데, 이제는 이런 숲이 사라지고 숲에 있던 나무들이 타면서 오히려 이산화탄소가 늘어나고 있어."

산소를 만들던 곳에서 오히려 탄소 배출이 늘어나다니, 아까 호주에서 봤던 산불과 같은 상황이었다. 그런데 호주에서 본 산불은 자연에서 생긴 것이었다. 왜 이곳 사람들은 산불을 일부러 내는지 이해가 되지 않았다. 설마 지구에 산소가 사라지는걸 알고도 불을 내는 걸까 싶었다.

"햄버거를 좋아하는 너한테는 참 안타까운 이야기일 수 있어. 하지만 불편하더라도 꼭 알아야 해. 소나 돼지를 키우기 위해선 곡식이 아주 많이 필요해. 지금 보는 농장은 소나 돼지에게 먹일 옥수수 같은 곡식을 키우는 곳이고, 또 저기 보이는 농장은 커피나 카카오 등을 재배하는 곳이지."

언젠가 사람들이 먹을 곡식이 부족하다고 뉴스에서 본 적 있다. 그런데 한편으로는 사람들이 먹을 가축을 키우려 대량으로 곡식을 키우고, 그 곡식을 재배하려 나무를 베다니. 같은 시간, 같은 지구에서 일어나는 일이라곤 미처 알지 못했다.

"고기를 먹는 게 결국 지구 환경에 이롭지 않은 거구나."

직접 환경 오염을 일으키지 않으면 괜찮다고 생각했다. 하지만 사람들이 먹는 것도 지구 환경과 깊게 연결되어 있었다.

사람들이 아마존 숲을 파괴하고 얻는 이익은 얼마나 될까. 머지 않아 눈앞의 이익은 엄청난 손해가 되어 사람들이 사는 곳까지 닥칠 것이다.

"내가 모르고 했던 행동들이 지구 반대편에 엄청난 영향을 끼쳤구나."

시무룩하게 대답하는 재현이를 향해 뽕구는 고개를 저였다.

"스스로 너무 탓할 필요는 없어. 그렇다고 고기를 먹지 말란 얘기도 아니야. 문제점을 알고 최소한 지구인들이 하는 행동이 어떤 결과를 초래하는지 알라는 거지. 가능하다면 고기를 덜 먹는 것도 아마존 숲을 지키는 한 방법이 될 수도 있어."

그사이 주변에 연기가 더욱 자욱해졌다. 큰 불길은 아니었지만 곳곳에 불길이 여전했다.

"어? 저기 아까 봤던 동물이야. 불길을 피해 도망쳤는데 더는 갈 곳이 없나 봐."

뽕구는 재현이가 말하는 곳으로 큐브의 방향을 돌렸다. 잠시 뒤 동물의 정보가 화면에 나왔다. 재규어라는 이름이 떴다.

재현이는 발을 동동 굴렀다. 숲이 타오르면 저 동물들은 어디로 가야 할까. 아까 코알라처럼 구해 줄 수도 없었다. 워낙 사나운 야생 동물이기 때문이었다.

"걱정할 것 없어. 아직 숲은 조금 남아 있으니까. 저 동물들도 불길을 피해 잘 이동할 거야."

잠깐 위험을 피할 수 있을지는 몰라도, 이런 속도로 숲이 파괴된다면 머지않아 아마존의 동물들은 갈 곳을 잃어 큰 위험에 처할 것 같았다.

뿡구의 말이 끝나기 무섭게 재규어들이 방향을 바꿔 숲 안쪽 깊숙한 곳으로 도망갔다. 그 모습이 재현이의 가슴 속에 박혔다.

"아마존 열대우림이 타들어 가서 공기 중 탄소가 늘어나는 문제도 심각하지만, 또 다른 문제가 있어."

이번엔 대체 또 어떤 문제일지, 재현이는 뒷이야기가 궁금하면서도 알고 싶지 않은 마음이 들었다.

"바로 생물 다양성에 문제가 생긴다는 거야."

"생물 다양성?"

재현이는 처음 듣는 말이었다.

기후 변화나 지구 온난화는 워낙 많이 들어 알고 있었다. 하지만 생물 다양성이라니, 말로만 보면 동물과 식물처럼 생물이 다양하다는 이야기 같았다.

뽕구가 어느새 재현이가 잘 모른다는 걸 알아차렸는지 '생물 다양성'이라는 글자를 화면에 입력했다. 재현이는 화면에 떠오른 글자들을 손으로 건드렸다. 그러자 생물 다양성이라는 글자 아래로 사진과 함께 관련 정보가 나타났다. 재현이는 소리 내어 그 정보들을 읽어 보았다.

"생물 다양성. 지구는 사막, 초원, 습지, 강, 바다 같이 생물들이 살아가기에 알맞은 다양한 생태계가 있다. 여러 환경을 이루는 생태계가 잘 보존되어야 생물들이 잘 살 수 있다. 생물들이 다양해야 서로 필요한 것을 얻을 수 있다⋯⋯."

재현이는 화면에 뜬 내용을 읽고 고개를 끄덕였다.

"너희 지구인도 생물이 다양해야 자연에서 먹을거리처럼 필요한 걸 얻을 수 있어. 방금 약재도 자연에서 구했잖아. 그런데 나무를 베면 아마존에 사는 다양한 생물이 사라져."

"북극곰이 사라지는 것처럼 말이지? 그걸 멸종이라고 하던데."

많은 동식물들이 사라져 문제가 된다는 이야기를 학교 수업 시간에 들은 기억이 났다. 지구 온난화가 원인인 줄 알았는데 숲이 사라지는 것도 원인이라고 했다.

"맞아. 지금 지구에 있는 생물종 수가 1,400만 종이야. 그중에 밝혀진 건 얼마 되지 않아. 그나마도 밝혀진 생물들 대부분은 아마존 같은 열대우림에 살지. 그런데 보존해야 할 곳을 일부러 파괴한 결과 최근 생물종의 31퍼센트가 멸종했어. 인간의 활동이 다른 생물종을 멸종시켰다는 이야기야. 그 멸종 속도는 엄청나게 빨라지고 있어."

뽕구는 이 모든 게 사람들이 개발을 하고 발전시킨 결과라고 덧붙였다.

"그런데 생태계가 사람들이 사는 데 중요한 거야?"

생태계를 지켜야 한다는 건 알고 있었지만 이게 사람들의 삶과 어떤 관련이 있을까 하는 의문이 들었다.

"당연히 중요하지. 아까도 말했지만 숲 같은 자연은 인간에게 아주 많은 걸 내어 줘. 인간은 자연을 활용해 의식주 같은 걸 해결할 수 있지. 또 자연을 이루는 생태계는 땅을 기름지게 하고 공기를 맑게 해 날씨와 기후를 조절해. 우리가 앞에서 본 것들을 생각해 봐. 기후가 변해서 많은 사람들이 고통받잖아. 자연이 스스로 기후를 조절할 수 있는데 그걸 지구인들이 막는 거야."

재현이는 뽕구의 말을 듣고 고개를 끄덕였다.

"더 큰 문제는 기후 변화 때문에 지금껏 세상에 없었던 바이러스도 생겨난다는 점이야."

"바이러스? 그건 또 왜?"

"일단 지구 온난화가 계속되면 빙하가 녹는 건 알지? 빙하가 녹으면 속에 꽁꽁 얼어 있던 바이러스들이 녹아 활동할 수 있어. 그리고 지금 보는 것처럼 지구인들이 야생 동물의 서식지를 막무가내로 파괴하면, 살 곳을 찾으러 나오는 야생 동물한테서 바이러스가 쉽게 전염이 돼."

큐브 밖으로 보이는 아마존 숲에는 여전히 연기가 피어올랐다. 지구의 산소를 만드는 곳이 어쩌다 저렇게 된 걸까.

재현이는 주머니에서 휴대폰을 꺼냈다. 사진을 찍어 나중에 친구들에게 보여 줄 생각이었다. 그런데 휴대폰 화면이 느리게 움직였다.

"아. 이 고물 휴대폰. 사용한 지 2년이 넘어서 말을 제대로 듣지 않아. 엄마한테 새 휴대폰으로 바꿔달라고 했는데……."

"아휴. 정말 지구인들은 가르칠 게 너무 많아."

뽕구는 갑자기 또 한숨을 쉬며 말했다. 그 말이 무슨 뜻인지 몰라 재현이는 멀뚱멀뚱 뽕구를 바라봤다.

"왜? 휴대폰이 안 돼서 그런 건데. 내가 뭐 잘못했어?"

"아니. 네 잘못은 아니야. 다 욕심 많은 어른들 잘못이지. 휴대폰 같은 전자 기기도 오래 사용하면 좀 좋아? 자꾸 새로운 걸 찾는 건 결국 지구 환경을 파괴하는 지름길이야. 일단 여기는 충분히 봤으니 다른 곳으로 가자."

재현이와 뽕구가 탄 큐브가 높이 하늘을 날아올랐다. 멀리 아마존의 숲에서는 여전히 연기가 피어올랐다.

도착한 곳은 또 다른 숲속이었다. 주변엔 아무것도 없었고 바람 소리만 들렸다.

"꽤 멀리 온 거 같은데 여긴 어디야?"

"쉿, 잠시만."

뽕구는 큐브 밖에 달려있는 카메라로 숲 곳곳을 살펴봤다.

"뭘 그렇게 보는 거야?"

"역시나 안 보여."

뽕구는 무얼 찾는 것일까.

"고릴라 말이야. 여긴 지구상에서 마지막 남은 고릴라 서식지야. 그런데 역시나 한 마리도 보이지 않네."

고릴라가 보이지 않는 이유는 사람들이 무리한 개발을 했기 때문이겠지? 재현이는 이 숲에서 사람들이 무엇을 얻기 위해 고릴라를 쫓아낸 건지 생각하며 마음이 아팠다. 사람들이 흔히 먹는 것, 쓰는 것 중에 무언가일 것 같았다.

"네가 쓰는 휴대폰 말이야. 그 안에는 콜탄이라는 광물에서 나오는 탄탈륨이 들어가. 그 콜탄이 바로 이곳에 많이 있어."

재현이는 무슨 말인지 알 것 같았다. 콜탄을 캐기 위해 사람들이 숲을 파괴하고 이곳에 살던 고릴라는 당연히 사는 곳을 잃어 사라졌을 것이다.

"한때는 정말 많은 고릴라가 살았는데 지금은 거의 사라졌어. 고릴라뿐 아니야. 콜탄을 캐서 서로 갖겠다고 내전까지 일으켜 원주민들도 제대로 살 수 없을 정도야."

인간의 욕심은 끝이 없다더니. 동물에게 피해를 입히는 것도 모자라 자기들끼리도 전쟁을 일으킬 정도라니.

"고릴라나 동식물이 멸종되면 사람들은 어떻게 되는 거야?"

"아까 말했듯이 생물종이 하나둘씩 멸종하면 결국 지구상에 있는 모든 게 멸종될 거야."

"뭐? 멸종이라고? 설마 사람들까지 다 없어지는 건 아니겠지?"

"멸종의 뜻이 뭔지 잘 생각해 봐. 그래서 지구에 여섯 번째 대멸종이 시작될 것이라고 보는 지구인들도 있어. 이전에 공룡이 멸종했듯 또 다시 멸종의 시대가 올 수 있다는 얘기지. 그런데 여기서 기억할 거 하나. 이전에 멸종은 자연이 만든 것이었다면 지금 오는 멸종은 사람이 일으키고 있다는 거야."

휴대폰을 비롯해 물건을 쉽게 사고 바꾸며 버리는 것, 음식을 배부르게 먹고 남기는 것 등 지금까지 아무렇지 않게 한 행동이 지구에 엄청난 결과를 불러일으킨다는 사실이 믿기지 않았다.

"기억해. 머지않아 지구에 사는 많은 생명이 사라질 거라는 사실을 말이야."

뽕구의 말이 재현이의 귓가에 와서 맴돌았다. 생물종이 사라진다면 지구는 어떻게 될지 마음이 무거웠다. 그런데 다른 방향으로 이동해 내려다 본 아마존 숲은 아직 나무가 울창해서 무척 평화로워 보였다. 그때 재현이 눈에 뭔가 눈에 띄었다.
"엇! 저기 봐. 저기 뭔가 있어!"
재현이가 소리치자 뽕구는 큐브 화면에 카메라를 띄워 숲 안쪽을 살폈다. 그러자 무엇인가 꿈틀거리며 움직이는 게 보였다. 화면을 확대하자 새끼를 안은 고릴라가 보였다.
"고릴라야!"
재현이는 박수를 치며 좋아했다. 뽕구의 표정도 한결 밝아졌다.
"그래, 아직 희망은 있어. 많은 생물이 멸종됐지만 지금도 늦지 않았어. 물론 지구인들이 정신 차린다면 말이야."
재현이와 뽕구가 탄 큐브가 하늘 높이 올랐다. 재현이는 숲속에서 본 고릴라들을 한참이나 바라보며 손을 흔들었다. 엄마 고릴라와 새끼 고릴라가 숲에서 편안히 살았으면 하고 바랐다.

숲과 함께 사라져 가는 생물 다양성

생물 다양성이란 무엇일까요?

바다, 강, 산, 습지 등 지구에 있는 다양한 환경에는 많은 동식물들이 살아요. 지금까지 밝혀진 생물종은 약 1,400만 종으로 아직 밝혀지지 않은 종도 있답니다. 다양한 생물들은 먹이사슬로 연결되어 생태계를 이루어요. 생물들이 살아가는 생태계는 환경에 중요한 역할을 하지요. 공기를 맑게 하고 물을 정화하며 기후를 조절하고, 땅을 비옥하게 해요. 다양한 생물이 지구가 깨끗하고 건강하도록 유지하는 역할을 하는 거죠.

생태계에서 어울려 사는 모든 생물들을 통틀어 '생물 다양성'이라고 한답니다. 생물 다양성을 지키는 것은 다양한 생물들이 잘 살아가도록 생태계를 지키는 일과 같아요. 사람을 비롯한 다양한 생물이 사는 환경을 지키는 일이니 무척 중요하지요.

그동안 사람들은 자연을 활용해 농사를 지어 식량을 얻고 가축을 키우는 등 다양한 것들을 얻어 왔어요. 하지만 사람들이 무분별하게 산림을 베어 개발하거나 강물을 가두는 등 자연을 파괴하면서 생물 다양성이 훼손되고 있어요.

다양한 생물이 사는 열대우림이 줄어들어요

지구에 있는 열대우림에는 지구 전체 생물의 90%가 살아요. 열대우림의 대표 지역에는 세계에서 가장 넓은 아마존 지역과 아프리카 밀림 지대, 동남아시아 보루네오섬 일대가 있어요. 지구의 허파라고 불릴 정도로 많은 산소를 만들어 내는 아마존 숲에는 나무 2,500여 종이 있고, 300만여 종이 넘는 생물이 살아가며 생태계 균형을 맞춰요.

그런데 아마존 숲은 무분별한 개발로 줄어들고 있어요. 2021년 기준으로 서울의 22배가 되는 면적이 줄었다고 해요.

나무들이 베인 아마존 열대우림
ⓒ Matt Zimmerman, 위키미디어 커먼스

휴대폰을 바꾸면 고릴라가 사라진다고요?

아프리카에 있는 콩고는 콜탄이라는 천연 광물자원이 풍부한 곳이에요. 콜탄은 컴퓨터와 휴대폰 같은 전자기기에 들어가는 금속 물질인데, 전세계 매장량의 80% 이상이 콩고의 열대우림에 있어요. 그런데 콩고의 열대우림은 고릴라의 서식지이기도 해요. 사람들이 콜탄을 얻기 위해 숲을 파헤치고 고릴라를 죽이거나 쫓아내면서, 숲에 살았던 고릴라 수백 마리가 많이 사라졌어요.

사람들이 열대우림을 파괴하는 이유는 또 있어요. 인도네시아 보루네오섬과 수마트라섬도 열대우림으로 유명한데 많은 면적이 팜나무를 심는 팜 농장으로 바뀌고 있어요. 팜나무 열매의 과육에서 얻는 식물성 기름인 팜유는 빵, 과자, 화장품 등에 많이 쓰여요. 사람들은 팜유를 더 많이 얻기 위해 열대우림을 베고 팜나무를 많이 심은 거예요. 지난 10년간 서울 면적 5배가 넘는 숲이 사라졌고, 지금도 팜유를 얻으려 나무를 없애고 있어요.

이러한 현상에서 우리가 무엇을 알 수 있을까요? 휴대폰이나 과자, 햄버거처럼 우리가 쓰고 먹는 것 모두 환경과 연결된다는 것을 알아야 해요. 물건이나 음식을 쉽게 사고 버리는 행동이 아마존 숲과 같은 자연은 물론 동식물의 생명과 연결된다는 걸 깨달으면 일상에서도 지구와 환경을 지키는 데 앞장설 수 있을 거예요.

동물들이 멸종하는 또 다른 이유는?

지구상에 있는 많은 생물종 중 약 7천여 종의 동물이 멸종 위기에 처해 있어요. 지구 온난화를 비롯해 사람들의 무분별한 개발과 사냥 때문에 동물들은 서식지를 잃고 먹잇감을 찾기 힘들어져 멸종에 이르지요.

예를 들어 북극곰은 지구 온난화로 빙하가 녹아 살 곳을 잃었어요. 자이언트판다는 지나친 벌목 때문에, 여우는 모피 거래 때문에 멸종 위기에 처했어요.

우리나라에서도 곰, 구렁이, 꽃사

▲ 빙하가 녹아 먹이를 구하지 못하는 북극곰
ⓒ Kerstin Langenberger, 위키미디어 커먼스

슴, 뜸부기 등 다양한 동물이 멸종 위기에 처했거나 멸종되었고요. 독도 바다에 살았던 바다사자과인 독도강치는 일제강점기 때 일본인들이 무분별하게 사냥하면서 지금은 찾아볼 수 없지요.

다양한 생물을 지키려는 노력

생물 멸종을 막고 생물을 보존하기 위해, 유엔에서는 2012년 생물 다양성 과학기구(IPBES)를 만들었어요. 관련 연구를 진행하고, 각 나라별로 생태계를 살리는 정책을 펼 수 있게 지원해요. 총 가입 국가 수는 132개에 이른답니다. 이 기구는 환경을 지켜야하는 중요성을 강조하며 각 국가에 정책 변화를 촉구해요.

실천! 생물 다양성을 지킬 수 있는 방법은?

1. 휴대폰이나 텔레비전 같은 전자기기를 자주 바꾸지 않아요.
2. 라면, 과자, 화장품 등 팜유가 들어간 제품은 먹거나 사용하지 않아요.
3. 숲을 파괴해 물건을 생산하는 기업의 제품은 사용하지 않아요.
4. 주변에 사라져가는 동식물에 관심을 가져요.
5. 육식을 줄이고 채식 위주의 식습관으로 바꿔 봐요.

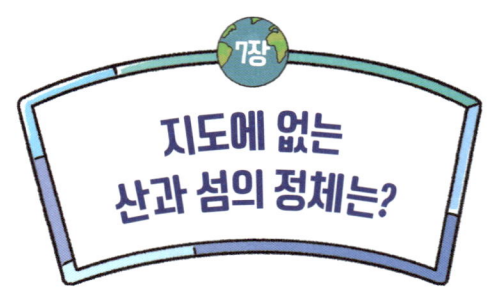

7장 지도에 없는 산과 섬의 정체는?

"아기 고릴라가 엄마와 함께 잘 살았으면 좋겠어."

하늘 높이 떠오른 큐브 안에서 재현이가 말했다. 그 말에 뽕구도 고개를 끄덕였다.

"이번엔 어디로 가는 거야?"

급히 큐브를 조정하는 뽕구를 보고 재현이가 말했다. 지금까지 본 문제가 너무 심각해서 지구에 닥친 위기가 더 없길 바랐다.

"이런, 내가 이럴 줄 알았어."

뽕구가 보던 화면에 빨간 불이 깜박이며 삐삐삐 경고음을 냈다. 뽕구는 화가 난 듯 혼자 불만을 쏟아 냈다.

"이제는 산을 만들다 못해 섬까지 만드는구나."

'산? 산이랑 섬을 만들다니 무슨 얘기일까.'

눈만 깜빡거리는 재현이를 보며 뽕구가 말을 이었다.

"지도에 없는 산과 섬을 만든다고, 지구인들이. 직접 가서 보고 얘기하자. 가서 설명할게."

얼마 뒤 재현이와 뽕구가 탄 큐브가 목적지에 도착했다. 하늘은 파랬고 간간이 구름이 보였다. 하늘에서 내려다보니 근처에 바다도 있었다. 큐브에서 내리자 날씨가 무척 더웠다.

"여기 정말 덥다. 이런 날씨에는 시원한 탄산음료가 최고인데."

재현이는 자기도 모르게 시원한 음료수가 생각났다.

"그런데 여긴 어디야? 이런 더운 날씨는 정말 오랜만이야. 우리나라는 아니지?"

재현이가 연신 손부채를 부치며 말했다. 멀리 푸르른 나무들이 보였다. 날씨는 더웠지만 나무들을 보니 잠시 더위가 가시는 기분이었다. 그런데 바람이 잠잠해지자 더러운 냄새가 코를 찔렀다.

"윽, 대체 이게 무슨 냄새야?"

주변을 둘러봐도 이유를 알 수 없었다. 길에 나뒹구는 건 비닐봉지와 플라스틱 쓰레기가 전부였다. 뽕구도 얼굴을 찡그렸다.

"음. 온도계가 35도를 가리키네. 오늘처럼 무더운 날에는 악취가 더 심하겠지."

"대체 어디서 나는 냄새야? 이 시골에 냄새날 만한 게 뭐가 있을까? 공장이라도 있는 거야? 여긴 아무것도 없는 것 같은데."

그때 다시 한번 바람이 불자 빈 플라스틱 병이 데굴데굴 재현이 곁으로 굴러왔다. 재현이는 뽕구에게 얘기하면서 굴러온 통을 뻥 하고 찼다. 그러자 플라스틱 병이 공중으로 치솟았다.

"그만해!"

누군가 재현이에게 소리치는 게 들렸다. 달려온 아이는 재현이 또래로 보이는 여자아이였다. 단발머리를 했고 눈망울이 컸다. 아이는 등에 큰 바구니를 메고 있었다. 뽕구가 준 시계에는 '타갈로그어[필리핀어]'라는 말이 금세 나타났다가 사라졌다. 아이가 한 말이 뒤늦게 이해되어 당황스러웠다. 주변을 둘러봤지만 뽕구는 그새 어디로 갔는지 보이지 않았다.

"아니, 이 외계인이 혼자 어디로 갔지?"

재현이가 어떻게 해야 할지 몰라 우왕좌왕하는 사이, 쓰레기를 줍던 아이는 재현이에게 더욱 가까이 다가왔다.

"지금 일하는 중이야. 방해하지 말고 좀 비켜 줄래?"

아이는 재현이가 발로 찬 플라스틱 통을 주워 등 뒤에 멘 바구니에 담았다.

"미, 미안. 네 건지 몰랐어."

일단 사과는 했지만 쓰레기를 주워 무슨 일을 한다는 건지 아이 말이 이해되지 않았다. 어색해진 재현이가 말을 붙였다.

"그런데 여기는 왜 이렇게 냄새가 나는 거야?"

하지만 아이는 재현이 말을 못 들은 건지 재현이를 그냥 지나쳤다. 아이가 더 멀어지기 전에 재현이는 큰 소리로 말을 걸었다.

"난 한국에서 온 재현이라고 해."

앞서 가던 아이가 멈칫하며 돌아봤다.

"한국? 한국이라고?"

"으, 응. 한국을 잘 아는구나?"

재현이는 한국이 많이 알려졌나 보다 싶으면서도 아이 얼굴에 반가움보다 지치고 못마땅한 기색이 보여서 조금 움츠러들었다.

"휴. 한국, 잘 알지. 맨날 보는걸. 너도 볼래?"

재현이는 아이가 어떻게 한국을 보여 준다는 건지 궁금해서 잠자코 아이 뒤를 따랐다. 그러는 동안 아무리 주변을 둘러봐도 뿡구는 보이지 않았다. 자신만 남겨 놓고 갔을 리는 없는데, 큐브의 흔적은 보이지 않았다.

아이는 나무가 우거진 숲으로 들어갔다. 주변을 경계하며 숲을 지나치니 이번엔 멀리 산이 보였다. 나무라고는 하나도 없는 민둥산이었다. 하지만 한 걸음 한 걸음 가까이 다가갈수록 민둥산이라고 하기엔 좀 달라 보였다.

조금 더 가까이 가니 눈앞에 보이는 산의 정체를 알 것 같았다.

그건 쓰레기로 이루어진 산이었다.

"앗. 저건 뭐야?"

쓰레기가 얼마나 많이 쌓인 건지, 가까이에서 보니 산이 한눈에 들어오지도 않았다. 산 곳곳에서 연기가 피어올랐고, 사람들도 보였다. 쓰레기더미에서 무엇인가 줍는 것 같았다. 그중에는 어린아이도 많았다.

"이런 쓰레기더미는 처음 봐. 사람들이 지금 뭘 하는 거야? 아이들까지?"

"쓰레기더미에서 돈이 될 만한 것들을 찾는 거야. 나도 그렇고."

그러고 보니 여자아이가 멘 바구니에 플라스틱 쓰레기가 가득 차 있었다.

"저 쓰레기들은 대부분 한국에서 온 거야."

"뭐? 우리나라 쓰레기가 왜 여기에 있어?"

재현이는 쓰레기 산에 조금 더 가까이 가서 자세히 들여다보았다. 평소에 좋아하던 라면의 봉지가 눈에 띄었고, 그 옆으로는 즐겨 먹던 음료수의 페트병이 보였다.

"진짜 한국에서 온 쓰레기구나. 어떻게 여기까지 왔지?"

그때 누군가 아이를 부르며 다가왔다. 환하게 웃는 모습이 예쁜 아이였다.

"안젤라 언니!"

"너 왜 여기서 이러고 있어. 집에 가 있으라니까."

그러고 보니 이름도 미처 모르고 따라 왔다. 안젤라와 어린아이는 자매인 듯했다. 까만 머리와 큰 눈망울이 닮았다.

"언니, 이것 봐. 나 여기 쓰레기장에서 인형 주웠는데 정말 예쁘지?"

작은 곰 인형이었다. 때가 많이 끼고 지저분했다.

"어휴. 내가 이런 거 줍지 말라고 했잖아. 이것 봐. 이런 걸 안고 있으니까 또 피부에 알레르기가 생기잖아."

안젤라가 동생의 소매를 걷었다. 아래팔에 군데군데 살갗이 벗겨져 있었다. 피부병 때문인 것 같았다.

"괜찮아. 나, 인형 꼭 갖고 싶었어."

"언니가 쓰레기 팔면 그 돈으로 인형 사 줄게."

"싫어. 우리가 무슨 돈이 있다고. 당장 먹을 거 살 돈도 없는데. 언니, 그럼 난 저쪽으로 다시 가 볼게!"

동생이 인형을 안고 쓰레기 산 위로 사라졌다. 안젤라는 동생을 더 말리지 못하고 한숨만 쉬었다.

"안젤라. 동생 피부병이 심한 거 같은데 병원에 가야 하는 거 아니야?"

재현이는 걱정스러운 표정으로 안젤라에게 말했다.

"병원은 무슨. 당장 먹을 것도 없는데. 저길 봐. 내 동생뿐만 아니라 다른 애들도 피부 상태가 심각해. 다들 형편이 안 좋아서 병원에 갈 생각도 못해."

안젤라가 가리킨 곳을 보니 쓰레기 산 아래에 마을이 있었다. 비쩍 마른 어린아이들이 맨발로 뛰어다니고 있었다.

"이게 다 쓰레기 때문이야. 산처럼 쌓인 쓰레기가 썩어 물을 더럽혔어. 그러니 물을 먹은 사람들은 다들 탈이 났지."

"그런데 왜 우리나라 쓰레기가 여기에 있는 거야? 그것도 알아?"

"잘사는 나라에서는 자기들이 버린 쓰레기를 수출한대. 우리나라처럼 못사는 나라에 파는 거지. 돈을 받고 쓰레기를 가져온 사람들이 우리 마을 같은 곳에 쓰레기를 갖다 놓는 거야. 우리같이 먹고 살길이 없는 사람들은 이 쓰레기라도 뒤져서 쓸 만한 물건을 찾아내야 먹고 살 수 있어."

안젤라가 처음 한국에서 왔다는 재현이에게 왜 지치고 못마땅한 얼굴을 보였는지 이해가 되었다. 안젤라는 한국을 비롯한 선진국에서 온 플라스틱 쓰레기들 때문에 마을이 아름다웠던 모습을 잃어버렸다고 했다.

"예전엔 그래도 마을의 산에서 나는 과일이랑 근처 바다에서 잡은 물고기를 먹곤 했는데, 쓰레기가 온 뒤부터 먹을거리를 구하기가 힘들어졌어."

플라스틱 쓰레기들이 이렇게 먼 나라까지 와서 환경을 어지럽히

다니. 재현이는 평소 집에서도 재활용을 열심히 했는데, 왜 쓰레기들이 넘쳐나는지 의문이 들었다.

"난 그만 가 봐야겠어. 너도 이제 돌아가."

안젤라는 쓰레기 산 위쪽으로 올라가며 말했다. 재현이는 안젤라에게 말을 더 걸고 싶었지만 그러지 못했다.

"어? 그래. 안녕."

재현이는 어색한 표정을 지으며 안젤라에게 인사를 건넸다. 쓰레기 더미 근처 마을에서 잘 지낼 수 있을까 내내 걱정스러웠지만 자기가 해 줄 수 있는 게 뾰족하게 생각나지 않았다.

쓰레기 산과 조금 멀어졌을 때, 안젤라 목소리가 들렸다.

"참! 너랑 같이 있던 아이, 저 아래 바닷가 쪽으로 가던데."

안젤라가 소리치며 손으로 어딘가를 가리켰다. 아마 뽕구를 본 모양이었다. 재현이는 쓰레기 산 이야기에 빠져서 뽕구가 어디로 간 건지 한참 잊고 있었다.

재현이는 안젤라에게 다시 손을 흔들어 인사하고, 안젤라가 가리킨 방향으로 가 보았다. 바닷가 쪽이었다. 길에는 여전히 비닐봉지나 깨진 플라스틱 같은 게 나뒹굴었다. 아까 안젤라와 동생이 맨발이던 게 생각나 아이들이 깨진 플라스틱을 밟고 다치면 어쩌나 싶었다.

조금 더 가니 눈앞에 바다가 펼쳐졌다. 끝없이 펼쳐진 바다 위로 갈매기가 점처럼 보였다. 바다라 그런지 시원한 바람이 불어왔다. 쓰레기 산과 멀어지니 아까 근처에서 났던 고약한 냄새는 별로 나지 않았다.

"키야! 역시 해수욕은 지구 바다지!"

어디서 많이 듣던 목소리였다. 아주 흥에 겨운 목소리였다. 재현이는 그 목소리의 주인공이 뽕구임을 알아챘다. 뽕구는 해변가에서 신나게 수영을 하고 있었다.

"여기서 뭐하는 거야?"

재현이는 어이가 없었다. 이 동네에서 겪는 심각한 문제 때문에 왔다고 해 놓고, 마치 휴가 온 것처럼 바닷물에 들어가 수영하는 뽕구를 보니 어이가 없어 헛웃음이 나왔다.

"어? 언제 왔어? 쓰레기 산은 잘 보고 왔어? 어때? 진짜 완전 심각하지."

뽕구는 언제 그랬냐는 듯이 심각한 목소리로 말했다.

"아니, 여기서 뭐하고 있냐고."

"흠흠. 바다가 얼마나 오염되어 있는지 살피러 왔다가 말이야. 오랜만에 바다에 오니까 옛날 생각이 나서……. 그런데 또 바닷속에 쓰레기들이 많더라."

뽕구는 물안경을 다시 쓰고 바닷속으로 머리를 숙여 여기저기 살펴보았다.

"물안경은 또 언제 준비했대……?"

"이것 봐."

뽕구가 물 속에서 꺼낸 것은 플라스틱 음료수 병이었다. 다른 한 손으로는 비닐봉지를 집어 들었다.

"이런 게 왜 여기 있는 거야? 누가 버린 건가?"

"휴. 누가 버리겠어. 너희 지구인이 막 쓰다가 버린 거지."

방금 전까지 물장난 치던 뽕구가 아니었다. 또 다시 까칠한 목소리로 돌아왔다.

"이곳을 봐. 아름다운 해변에 온통 쓰레기들이 가득한 걸 보니 마음이 아프다."

그러고 보니 곳곳에 쓰레기들이 보였다. 비닐봉지나 플라스틱 쓰레기가 바다에 둥둥 떠다니는가 하면, 해안가로 떠 밀려와 가득 쌓인 모습도 보였다.

"쓰레기가 산에만 있던 게 아니었어. 바다까지 더럽히는구나."

"이 플라스틱 쓰레기 때문에 바다 생태계가 위험에 빠졌어. 지구인들한테도 영향을 미치겠지. 자, 일단 다른 곳으로 가자. 보여 줄 게 있어."

그러면서도 뽕구는 바닷물에서 계속 물장구를 쳤다.

"가자며?"

"그래."

재현이와 뽕구는 큐브에 올랐다. 뽕구는 아쉬운지 큐브에 오르면서도 계속 해변가를 바라보았다. 큐브에 타서 보니 바다 한가운데 물고기들이 높이 올랐다 바다속으로 사라졌다. 멀리서는 쓰레기들이 잘 보이지 않아 참 아름다운 풍경으로만 보였다.

"이런."

"왜 또 무슨 일이야?"

"잠깐 들러야 할 곳이 있어."

　뽕구는 큐브를 조정해 목적지를 바꿨다. 가는 곳은 태평양에 있는 작은 섬이라고 했다. 큐브에서 내려다본 섬은 푸른 바다로 둘러싸여 무척 아름다웠다.

"설마 또 수영하려고?"

"이 지구인은 내가 맨날 수영만 하는 외계인으로 보이나. 일단 내리자."

　재현이와 뽕구가 내린 곳은 바위가 있는 해안가였다. 해안가에는 갈매기들이 날아다녔고 바위 사이에서 무언가 꿈지락거리며 움직였다.

"지구인들은 정말 이기적이야. 조금 편하자고 동물들을 이렇게 괴롭히다니 말이야."

　뽕구는 동물과 지구인이 무슨 연관이 있나 싶었다. 뽕구를 따라 바위에 가까이 가 보니 아까 움직이던 게 무엇인지 알 수 있었다.

바로 거북이였다. 그런데 거북이가 고통스러운 듯 목을 이리저리 움직였다.

"이게 뭐야? 거북이가 왜 이러는 거야?"

"그물을 삼켰나 봐."

뽕구는 거북이 목에 걸린 그물을 빼면서 말을 이었다. 그물은 거북이 다리에도 걸려 있었다.

"사람들이 버린 플라스틱 쓰레기들 때문에 바다 동물들이 고통을 받아. 바닷속에는 거북이뿐 아니라 다양한 동물이 사는데, 썩지 않고 바다에 떠다니는 플라스틱 쓰레기를 먹이로 착각하고 먹는 바람에 죽기도 해. 그물에 몸이 감겨서 죽기도 하고."

　그리고 보니 언젠가 텔레비전에서 코에 빨대가 박힌 거북이를 본 기억이 났다. 사람들이 조금이라도 편리하려고 사용한 것들이 썩지 않고 바다로 흘러들어 물고기나 바다 생물을 위험에 빠트린다는 이야기였다.
　재현이도 뽕구를 도와 거북이 다리에 걸린 그물을 마저 벗겨 냈다. 목은 좀 아팠겠지만 다행히 겉으로 보기에 몸은 심하게 다친 것 같지 않았다.
　거북이는 인사라도 하듯 몇 번 주변을 맴돌더니 바닷속으로 사라졌다.

"이거 마을 사람들이 쓰던 그물인가 봐. 정말 큰일 날 뻔했다."

"아니야. 이 섬을 잘 봐. 여긴 사람이 살지 않아. 이 그물은 아주 먼 데서 온 거야."

그러고 보니 주변에 인기척이라곤 없었다. 사람이 하나도 없는 무인도였던 것이다. 그런데 왜 이렇게 쓰레기가 많은지 이상했다.

"바닷물에 떠밀려 온 거야. 너희 지구인들이 버린 쓰레기들은 사라지지 않고 바다를 떠돌아다녀. 눈으로 직접 보면 더 실감이 날 거야. 자, 어서 타."

뽕구와 재현이는 다시 큐브에 올랐다. 큐브는 한참 움직이더니 드디어 멈춰 섰다. 밖을 내려다보니 바다 한가운데에 있는 커다란 섬이 보였다.

"여긴 어디야? 되게 큰 섬 같은데."

"플라스틱 쓰레기 섬이야."

"뭐? 쓰레기 섬?"

재현이는 눈을 동그랗게 뜨고 다시 바라봤다. 뽕구가 큐브를 조정해 섬에 조금 더 가까이 가니 정말로 쓰레기들이 바다 한가운데에 떠 있었다.

"지구인들이 버린 플라스틱 쓰레기들이 썩지도 않고 바다를 둥둥 떠다니다가 모여서 이렇게 엄청난 쓰레기 덩어리가 된 거야. 멀리서 보면 섬처럼 보일 정도로 크게 모인 거지."

쓰레기 산에 이어 쓰레기 섬이라니. 큐브를 타고 더 가까이 내려가 자세히 보니 플라스틱 병이며 크기가 다양한 통, 부서진 장난감, 폐타이어, 모양을 알 수 없는 조각난 플라스틱, 과자 봉지, 비닐 등 종류도 다양했다.

"이게 다 플라스틱이라고?"

"응. 모두 생긴 건 다르지만 다 플라스틱이야."

그러고 보니 다 주변에서 너무 흔히 볼 수 있는, 재현이도 썼던 물건들이었다.

"플라스틱은 썩는 데 수백 년 넘게 걸려. 마구잡이로 만든 플라스틱 제품들이 결국 바다로 흘러와 이렇게 큰 쓰레기 섬을 만드는 거야. 더 큰 문제는 결국 이 플라스틱이 지구인들 몸속으로 다시 들어간다는 거지."

"사람들 몸속에 들어간다고? 바다에 버려진 쓰레기가 이렇게 큰데 어떻게?"

"플라스틱은 원하는 모양으로 만들 수 있어서 정말 편리한 제품이긴 하지만, 일부에서 환경호르몬이 나오기도 해. 또 버려진 플라스틱들이 바다로 흘러가면서 바람과 햇볕에 잘게 부서져. 그런 미세 플라스틱을 물고기들이 자기들 먹이인 플랑크톤으로 착각하고 먹어 버리는 거야. 그러면 먹이사슬을 따라서 작은 물고기를 큰 물고기가 먹고, 큰 물고기를 더 위에 있는 포식자들이 먹으면서 미세 플라스틱이 점점 몸속에 쌓이는 거지."

재현이가 뽕구의 말을 끊으며 말했다.

"아! 알겠어. 결국 제일 위에 있는, 상위 포식자인 사람이 그 물고기를 먹으니까 사람들 몸속에 플라스틱이 쌓인다는 거구나?"

집에서 편리하게 썼던 플라스틱 제품들이 돌고 돌아 결국 사람들의 식탁 위로 올라오는 것이었다.

뽕구가 말을 이었다.

"그렇지. 사람들 몸속에 미세 플라스틱이 쌓이면 호르몬에 영향을 줘. 그러면 당연히 건강에 좋지 않겠지. 미세 플라스틱이 또 사람 몸에 어떤 영향을 끼치는지는 아직 모두 밝혀지지 않아서 모를 거야. 지구 과학자들은 지금 한창 연구 중일 테니까."

재현이는 이 많은 쓰레기들은 어떻게 해야 할지 마음이 무거워져 한참 동안 섬을 바라보았다.

"나 혼자만 쓰레기를 줄인다고 될 게 아닌 거 같아. 저 많은 쓰레기들을 어떻게 해야 하는 걸까?"

"'나 혼자만'이라는 말은 맞지 않아. 너와 같은 지구인 하나하나가 모여 지구 전체를 이루는 거야. 네가 바뀐다면 모두가 바뀔 수 있어."

"난 재활용, 분리수거도 잘하는데. 이런 거 말고 또 어떤 걸 해야 한다는 거야?"

"분리수거, 재활용 다 좋아. 하지만 가장 중요한 건 꼭 필요한 것만 빼고 플라스틱을 안 쓰는 거야. 지금부터라도 플라스틱 쓰레기를 줄이려면 어떻게 해야 하는지 잘 생각해 봐."

재현이와 뽕구가 탄 큐브는 플라스틱 섬을 뒤로 하고 높이 날았다. 재현이는 플라스틱 쓰레기가 줄어들어서, 바다가 다시 예전 모습으로 돌아오길 바랐다. 물고기와 동물들이 마음 놓고 바다를 누비는 모습이 눈앞에 그려졌다.

사라지지 않고 되돌아오는 플라스틱 쓰레기

변신의 왕! 플라스틱은 어떻게 생겨났을까요?

플라스틱은 석유나 석탄에서 나온 물질로 만들어요. 열이나 압력 같은 힘을 주면 원하는 모양으로 만들 수 있어요. 19세기 후반 코끼리 상아로 만들어 사용하던 당구공을 대신하기 위해 플라스틱이 발명되었어요. 이후 값싸고 가벼운 플라스틱은 각종 전자제품, 의류, 용기 등에 다양하게 쓰여 왔어요.

우리가 편리하게 사용하는 플라스틱에는 아주 적은 양으로도 사람의 건강을 해치는 원료가 들어 있어요. 여기에서 나오는 환경호르몬은 사람의 몸에 영향을 미쳐 암을 유발하고 성조숙증 같은 부작용을 일으켜요. 또한 플라스틱을 생산하거나 폐기하는 과정에서 유해 물질이 나와 대기 오염을 일으키고, 잘게 부서진 미세 플라스틱은 물고기와 사람 몸에 남아 건강에 나쁜 영향을 미쳐요.

플라스틱은 분해되는 데 얼마나 걸릴까요?

플라스틱이 발명되기 전까지 생물을 비롯해 지구에 있는 물질 대부분은 썩어 없어졌어요. 종이는 분해되는 데 약 2개월, 나무젓가락과 종이컵은 약 20년이 걸려요. 하지만 플라스틱 페트병과 비닐봉지는 분해되는 데 약 100년이 걸리고 플라스틱 빨대는 약 500년이 걸려요. 그 외에도 수백, 수천 년이 지나도 썩지 않는 플라스틱 쓰레기 때문에 지구 생태계가 파괴되고 있어요.

자연에 버려진 쓰레기들

플라스틱 쓰레기는 어디로 갈까요?

유엔환경계획 보고서에 따르면 지금까지 약 100년 동안 90억 톤의 플라스틱이 사용되었지만 이 중 약 9퍼센트만 재활용되었어요. 재활용되지 않는 플라스틱까지 합치면 양이 엄청난 플라스틱 쓰레기들이 지구 곳곳을 떠돌고 있다는 얘기예요.

그렇다면 버려진 플라스틱 쓰레기들은 어디로 갈까요? 우리나라는 그동안 중국이나 동남아시아에 쓰레기를 수출했어요. 하지만 불법 수출 문제로 플라스틱 쓰레기가 다시 한국으로 되돌아

쓰레기를 먹이로 착각한 갈매기

안 돼, 먹지 마!

오면서 외교 갈등을 겪기도 했어요.

한편 재활용되지 않는 플라스틱 쓰레기 대부분은 바다로 흘러들어 잘게 부서져요. 물고기들은 플랑크톤으로 착각해 먹어 버리지요. 그다음엔 먹이사슬에 따라 더 큰 물고기가 작은 물고기를 먹고, 플라스틱을 먹은 물고기를 상위 포식자가 먹어요. 사람이 먹는 물고기도 마찬가지랍니다.

플라스틱 섬이 한반도의 7배 크기라고요?

바다로 흘러 들어간 플라스틱은 800만 톤이 넘어요. 버려진 플라스틱은 한데 모여 흘러다니면서 바다 곳곳에 섬을 만들기도 해요. 1997년 미국의 항해가 찰스 무어가 발견한 플라스틱 쓰레기 덩어리는 마치 섬처럼 보여서 '플라스틱 섬'이라고 불러요. 섬의 크기는 한반도의 7배가 넘을 정도로 무척 커요.

플라스틱 섬 근처에는 '미드웨이'라는 섬이 있는데, 원래 앨바트로스라는 새들이 사는 평화로운 곳이었어요. 하지만 플라스틱 쓰레기 섬이 생긴 뒤 이 섬에 사는 새나 각종 해양 동물이 쓰레기를 먹고 죽는 일이 많아졌어요. 죽은 앨바트로스의 배에 각종 병뚜껑과 플라스틱 쓰레기가 가득 찬 모습과 거북이 코에 빨대가 꽂힌 사진 등이 공개돼 충격을 주었지요. 쓰레기를 줄이지 않으면 2050년에는 바다에 물고기보다 쓰레기가 더 많아진다고 해요.

플라스틱 쓰레기 문제를 해결하려면?

세계에서는 쓰레기 문제를 해결하기 위해 여러 노력을 기울여요. 바다에 함부로 쓰레기를 버리지 말자는 런던 조약이 1975년 발효되었고, 우리나라는 1992년 이 조약에 가입해 바다 환경을 지키려 노력하고 있어요. 이 밖에도 태국, 파키스탄, 미국 뉴욕, 케냐 등 다양한 나라에서 비닐봉지 사용을 금지했고,

우리나라도 단계별로 비닐봉지 사용을 줄여나가는 정책을 시행해요.

쓰레기 문제를 해결하기 위해 또 어떤 노력을 할 수 있을까요? 일부 기업에서는 포장을 지나치게 하지 않거나 친환경 제품을 만드는 등 무분별한 플라스틱 사용을 줄이기 위해 노력해요. 또 플라스틱을 대체할

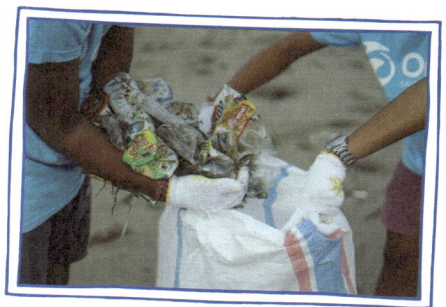

해변에서 플라스틱 쓰레기를 수거하는 모습

제품을 연구하지요. 한 예로, 생분해 플라스틱은 주로 옥수수나 감자 등에서 추출한 전분으로 만드는데, 썩어도 생태계에 오염을 일으키지 않아 주목받아요. 장난감으로 유명한 레고 회사는 2030년까지 플라스틱 장난감을 모두 친환경 소재로 만들겠다고 선언했지요.

환경 단체는 바다에 버려진 쓰레기를 수거하며 바다를 청소하고, 환경에 관심 있는 사람들은 쓰레기를 재활용하는 대신 가공하거나 새롭게 디자인해 다른 제품으로 만드는 업사이클링도 한답니다.

실천! 일상에서 플라스틱 사용을 줄이는 방법은?

1. 시장에 장바구니를 가져가고, 일회용 컵 대신 물병을 써요.
2. 포장이 지나친 물건은 이용하지 않아요.
3. 빨대, 젓가락 등 일회용품은 사용하지 않아요.
4. 과소비를 하지 않고 꼭 필요한 물건만 사요.
5. 쓰레기는 분리 배출하고, 종이상자는 테이프를 떼서 버려요.
6. 휴대폰과 텔레비전 등 가전제품은 오래 사용해요.

8장
뽕구가 남기고 간 시계

　재현이는 지금까지 뽕구와 다니며 본 것들을 떠올려 보았다. 우주 쓰레기, 싱크홀, 핵 발전, 메뚜기 떼, 홍수와 산불, 사람들이 베거나 불에 타서 없어지는 아마존 숲, 쓰레기로 된 산과 섬들…….
　어떤 건 미처 알지 못했고 어떤 건 뉴스나 다큐멘터리로 봤던 환경 문제였지만 직접 보니 달랐다. 한 가지 분명한 건 물건을 쓰고 먹고 버리는 모든 행동이 환경에 영향을 미친다는 사실이었다.
　곰곰이 생각에 빠져 있는데 갑자기 큐브 안에 새로운 소리가 시끄럽게 울렸다.
　또로로로로로, 또로로로로로.

전화 연결음 같은 소리가 크고 빠르게 계속 울려 댔다.

"이럴 수가."

"왜, 무슨 일이야?"

재현이는 지구에 또 어떤 문제가 생겼을지 마음이 조마조마했다. 뽕구가 화내면서 잔소리하는 모습은 많이 봤지만 이렇게 놀라면서 당황해하는 표정은 처음이었다.

뽕구는 큐브 화면에 뜬 새 창을 확인해 보더니 한숨을 쉬었다. 뽕구는 잠시 뜸을 들이다가 입을 열었다.

"가족들에게서 연락이 왔어."

"가족들?"

"응. 트라피스트-1d에 살았던 우리 가족들 말이야……."

말끝을 흐리는 뽕구를 보며 재현이는 조심스레 물었다.

"가족들한테 무슨 일이 생긴 거야?"

"휴……."

뽕구는 깊이 한숨을 쉬었다. 지구에 닥친 환경 위기를 알려 주며 당당했던 모습은 찾아볼 수 없었다.

"사실은 말야. 나는 여행하다가 지구에 온 게 아니야. 다른 행성을 찾아 떠나다가 우주 쓰레기에 부딪혀서 지구에 온 거지. 내가 살던 트라피스트-1d에는 이제 생명체가 살 수 없거든. 사고 전에 가족들과 큐브로 연락해 오다가 교신이 끊겨 버려서 소식을 알 수 없었어."

뽕구의 말을 듣고 재현이는 뽕구가 우주 쓰레기 때문에 지구에 오게 되었다고 투덜거리던 게 생각났다.

"그런데 너희 행성에서는 왜 생명체가 살 수 없다는 거야?"

대체 무슨 일이 있었길래 살던 행성을 버리고 다른 행성을 찾으러 나선 건지, 재현이는 짐작할 수 없었다.

"그래, 이제 다 말할게. 우리 행성도 너희 지구 못지않게 무척 아름다웠어. 눈부신 바다와 숲이며, 동물들이며, 그런데……."

뽕구가 조금 망설이더니 다시 입을 열었다.

"우리 트라피스트 행성 사람들은 너무 발전하는 것에만 신경 썼어. 에너지를 넘치게 사용하고 플라스틱 같은 쓰레기를 마구 버렸지. 그러자 산업은 무척 발전했지만 대신 자연환경이 심각하게 망가져 버렸어. 극심한 기후 변화가 온 거지. 아주 아름다웠던 때와 비교하면 지금은 평균 기온이 2도나 올랐거든."

평균 기온이 1도만 올라도 지구에 큰일이 난다는데. 2도라니. 재현이는 이제야 뽕구네 행성에 무슨 일이 일어났는지 알 것 같았다.

"그래서 그렇게 지구에서 일어나는 일들을 잘 알았구나. 너희가 겪었던 일이라서."

"그래. 우리 행성은 이미 무척 오염됐고 사람들이 살 수 없는 행성이 되어 버렸어. 너희 지구가 지금 겪는 온난화, 생물 멸종 같은 일을 겪은지 오래야."

"우리도 너희처럼 지구에서 살 수 없으면 어떻게 하지? 뽕구 너랑 같이 지구를 살펴보니 정말 문제가 심각하다는 걸 깨달았어."

"내가 준 시계를 봐."

뽕구가 준 손목시계는 그동안 여러 가지로 쓸모가 많았다.

"시계는 왜?"

"평소에는 다른 시계처럼 보이지만, 손가락으로 두 번 치면 지구의 환경 위기 시계가 나타날 거야."

뽕구가 손가락으로 시계를 두 번 톡톡 건드리자 시계 색깔이 약간 붉게 변하더니 두 시곗바늘이 몇 번 회전하다가 오후 9시 50분쯤에 멈추었다.

"지구의 평균 온도가 지금보다 1.5도 올라가면 지구인을 비롯해 생명체들이 살 수 없는 환경이 돼. 그때를 12시라고 하면, 앞으로 몇 시간이 남았는지 알 수 있어. 남은 시간으로 지구 환경 위기가 얼마나 심각한지 알 수 있지. 그런데 최근 들어 시계가 점점 빨라지고 있어."

시계를 보니 12시는 얼마 남지 않은 시간이었다.

"환경 위기 시계를 늦춰서, 지구를 꼭 지켰으면 좋겠어. 우리 행성처럼 사람들이 떠나지 않게, 예전처럼 아름답게 가꿨으면 해."

"내가, 혼자 할 수 있을까? 너랑 지구를 둘러보니 우리 지구도 문제가 심각하잖아. 내가 할 수 있는 일이 있을까."

"지구를 지키는 건 크게 어렵지 않아. 조금 불편하더라도 누구든지 자기가 할 수 있는 일을 하면 돼. 너 혼자 뭐 대단한 일을 하라는 게 아니야. 너는 그냥 지구를 사랑하는 마음을 행동으로 옮기면 돼."

"행동으로?"

"그래."

뽕구는 짧게 대답하고 큐브에 새로운 위치를 입력했다. 그러자 큐브가 움직이더니 재현이가 뽕구를 처음 만났던 공원에 도착했다. 돌아온 것이다.

"우리 가족들이 근처에 있대. 난 이제 가야 해."

재현이는 큐브에서 내려 뽕구를 뒤돌아보았다. 그런데 뽕구가 탄 큐브는 이미 사라진 뒤였다. 재현이는 마지막 인사도 없이 훌쩍 떠난 뽕구가 무척 서운했다. 집으로 돌아오는 발걸음은 무척 무겁기만 했다.

집에 돌아온 재현이는 책상 앞에 앉았다. 탁상시계는 9시를 가리키고 있었다. 오늘 뽕구랑 수많은 곳을 여행하고 여러 일을 겪었는데, 집에서 공원으로 나온 후 2시간밖에 지나지 않았다니 놀라웠다. 책상 위 시계를 보다가 문득 뽕구가 주었던 손목시계가 생각났다.

'아, 시계!'

뽕구가 준 시계는 여전히 재현이 손목에 있었다. 뽕구가 너무 빨리 사라지는 바람에 시계를 돌려주지 못했다.

삐삑.

마침 시계에서 소리가 났다. 메시지가 도착했다는 알림음 같았다. 재현이가 시계를 보니 시계 화면이 바뀌며 글자들이 허공에 떠올라 펼쳐졌다. 뽕구의 큐브에서 나타나던 화면과 비슷했다.

지구인 재현아!

난 가족들 잘 만났어.

가족들과 흩어져 여러 별을 찾아봤지만 아직까지 우리가 살만 한 별을 찾지 못했어.

그래서 우린 다시 트라피스트-1d로 갈까 생각중이야. 내가 태어나고 자란 우리 행성으로 말이야. 남아서 행성을 지키던 사람들이 자연 환경을 어떻게 복구할 수 있을지 방법을 찾아낸 것 같아. 시간도 오래 걸릴 거고 잘될지 모르겠지만 그곳에서 다시 시작해 보려고 해.

지구는 아직까지 살 만한 곳이니 부디 지구를 잘 지키길 바랄게. 여러 문제를 보면서 너무 걱정스러운 나머지 자꾸 화를 냈지만, 아직 아름다운 지구를 보면서 솔직히 부럽기도 했어. 망가진 우리 행성이 생각나서 네게 더 뭐라고 한 것 같아. 미안해.

위기에 처한 지구를 혼자 둘러봤다면 힘들었을거야. 너와 함께해서 외롭지 않았어. 고마워, 재현아.

- 너의 외계인 친구 뽕구가

추신. 시계는 선물이야. 앞으로 너의 시간도, 지구의 시간도 늘 밝게 지켜 나가길 바랄게.

메시지는 그렇게 끝이 났다. 재현이는 창문 넘어 밤하늘을 바라보았다. 그때 무엇인가 반짝하고 나타났다가 사라졌다.